Vademecum Precum

By Fr. Randy a Iesu Soto

Imprimatur

+ Most Reverend Edward Rice
   Auxiliary Bishop of St. Louis

Published by Vox CHRISTI Publishing
5200 Glennon Drive, St. Louis, MO 63117 U.S.A.
www.voxchristi.com

Printed in the United States of America

ISBN   978-0-9886041-0-0

Vox CHRISTI PUBLISHING
ST. LOUIS
MISSOURI
U.S.A.

Vademecum Precum
A Book of Prayers
In Eight Languages
By Fr. Randy a Iesu Soto

Foreword by Bishop Rice
Auxiliary Bishop of Saint Louis

Dedication

To my disciples at Kenrick Seminary
&
To all who seek to serve Christ in his Holy Priesthood
&
To all who pilgrim to shrines and sanctuaries

Contents

Foreword

I can still remember my first semester in college seminary when His Eminence, John Joseph Cardinal Carberry visited Cardinal Glennon College Seminary to offer Holy Mass. His homily still echoes in my ears as he described the four ends of prayer: adoration, contrition, thanksgiving and supplication. After a brief explanation of each aspect, His Eminence gave us the acronym, A.C.T.S., so that we would always remember to what ends our prayer should be directed. It has remained with me to this day. In fact, His Eminence later had a little prayer book published that promoted the very ideas outlined in his homily that day so many years ago.

What is prayer? It is a simple question, so innocent in its brevity. But Theological libraries are filled with books explaining what prayer is, and various techniques of prayer and how the saints have prayed thorough the ages. As simple as the question might be, the answer can be a bit more complex. The Catechism of the Catholic Church, having explained the Creed, the Sacramental Life and Life in Christ, turns in Part Four to the topic of Christian Prayer. And, in a moment of sheer genius offers a definition of prayer so simple and pure, "a vital and personal relationship with the living and true God. This relationship is prayer." (CCC. 2558)

Yes, whether speaking of adoration, contrition, thanksgiving and supplication, prayer is a relationship with the living God. As we acknowledge our need for God, or His pursuit of us, it is all about a personal relationship with the living and true God. If we consider the Interior Castles of St. Theresa of Avila or the beginnings of one's spiritual journey along the purgative way, in the end, it is all about that "vital and personal relationship with the living and true God."

We can read books to help identify the various stages of contemplative prayer. We can also discover various methods to assist us meditation. But, hopefully many of us can recall being taught the basic, fundamental prayers, so often by our parents or a beloved teacher – the Our Father, the Hail Mary, the Glory Be and so many others. In seventh grade our class was taught the Anima Christi, a prayer I still recite after daily Mass. These vocal prayers sustain us when we do not know how to pray. When we are exhausted, in pain or in bleak darkness, it is often the prayers of our childhood that we can fall back on that enable us to take one more step in our journey of faith.

Our Lord taught His disciples the Our Father in response to their desire to pray. Our prayers in the midst of the joys and sorrows of life affirm our belief that God is with us. Vocal prayer, the Catechism states, "is an essential element of the Christian Life." (CCC. 2701) Vocal prayer unites us, joining us together as one in the Body of Christ. The Preface for the Feast of Pentecost reminds us that this is the work of the Holy Spirit: "The Spirit, as the Church comes to birth, opened to all peoples the knowledge of God and brought together the many languages of the earth in professing one faith."

Fr. Soto does the Church a great service in bringing together such a wide variety of vocal prayers. In addition, the various languages offer us a glimpse of the universality of the Church. May this collection of prayers gathered from the many languages of the earth assist us in as we grow "in a vital and personal relationship with the living and true God."

+ Bishop Rice

Auxiliary Bishop of Saint Louis

Introduction

Orate, fratres: ut meum ac vestrum sacrificium acceptabile fiat apud Deum Patrem omnipotem.

Pray, brethren, that my sacrifice and yours may be acceptable to God, the almighty Father.

The second part of the Mass or Liturgy of the Eucharist is introduced by invitation to pray so that the Church's *sacrificum laudis* "sacrifice of praise" may be accepted by God Almighty. Under the principle of *lex orandi, lex credendi* it is important to remember that this invitation is not bound to celebration of the Mass, but it can be exercised at other moments as well.

Over the last thirty years we all have experienced that the language barriers are increasingly becoming lesser than they used to be. Internet and faster traveling around the globe has opened our minds to contemplate newer dimensions of the Catholic Church. Specifically, we are more exposed to Papal events and liturgies which in turn have revealed to us the true nature of the *Catholica*: One, Holy, Catholic and Apostolic.

Pilgrimages to shrines around the world, the ever growing migration of peoples have contributed that today more than ever it is easy to see peoples from every country and culture coming together to pray in a plurality of languages at the *Catholica*.

This *Vademecum* is intended to aid all those Catholics to engage in active participation in the prayer life of the Church. Particularly, I will like to dedicate this compilation of Catholic prayers to my beloved seminarians at Kenrick Glennon Seminary of the Archdiocese of Saint Louis, MO. My hope is that this handbook of prayers may assist you in your journey of discernment of the call to Holy Orders.

I pray, as well, that Priests and laity may benefit from this instrument as you pilgrim the Holy sites and Shrines around the world, where Sacraments and devotionals are prayed in different languages. Let this new Pentecost assist everyone to give fitting worship to the Father in the Son through the Holy Spirit. Amen.

R.P. Randy Soto, *SThD*, On the Feast of Saint Francis, Oct 4, 2012.

Orationes Fidei Christianae

1. Signum Crucis

In the Name of the Father, and of the Son, and of the Holy Spirit. Amen.

2. Per Signum Crucis

By the sign of the cross †, deliver us from our enemies, † Oh Lord. † In the Name of the Father, and of the Son, and of the Holy Spirit. Amen.

3. Oratio Dominca

Our Father, who art in heaven, hallowed be thy name; Thy kingdom come; Thy will be done on earth as it is in heaven. Give us this day our daily bread; and forgive us our trespasses as we forgive those who trespass against us; and lead us not into temptation, but deliver us from evil. Amen

4. Ave Maria

Hail Mary, full of grace, the Lord is with thee, blessed art thou among women, and blessed is the fruit of thy womb, Jesus. Holy Mary, mother of God, pray for us sinners, now, and in the hour of our death. Amen.

5. Symbolum Apostolorum

I believe in God, the Father almighty, Creator of heaven and earth; and in Jesus Christ, his only Son, our Lord; who was conceived by the Holy Spirit, born of the Virgin Mary; suffered under Pontius Pilate, was crucified, died, and was buried; he descended into hell; the third day he rose again from the dead; he ascended into heaven, is seated at the right hand of God the Father Almighty; from thence he shall come to judge the living and the dead. I believe in the Holy Spirit; the Holy Catholic Church; the Communion of Saints; the forgiveness of sins; the resurrection of the body; and life everlasting. Amen.

6. Corona Divinae Misericordiae

1. Begin with the Sign of the Cross, 1 Our Father, 1 Hail Mary and The Apostles Creed.

2. On the large beads (once):
Eternal Father, I offer Thee the Body and Blood, Soul and Divinity of Thy dearly beloved Son, our Lord Jesus Christ, in atonement for our sins and those of the whole world.

3. On the small beads (10 times):
For the sake of His sorrowful Passion have mercy on us and on the whole world.

4. At the end (3 times):
Holy God, Holy Mighty One, Holy Immortal One, have mercy on us and on the whole world.

7. Salve Regina

Hail, Holy Queen, Mother of Mercy, Hail our life, our sweetness and our hope! To thee do we cry, poor banished children of Eve. To thee do we send up our sighs, mourning and weeping in this valley of tears! Turn, then, most gracious Advocate, thine eyes of mercy toward us, and after this, our exile, show unto us the blessed fruit of thy womb, Jesus.
O clement, O loving,
O sweet Virgin Mary.

8. Angele Dei

Angel of God, my guardian dear, to whom His love entrusts me here, ever this day [night] be at my side to light and guard, to rule and guide. Amen.

9. Gloria Patri

Glory be to the Father and to the Son and to the Holy Spirit, as it was in the beginning, is now and ever shall be, world without end. Amen; (or) Glory be to the Father and to the Son and to the Holy Spirit, as it was in the beginning is now, and will be forever. Amen.

10. Te Deum

We praise you, O God:
We acclaim you as Lord.

Everlasting Father,
All the world bows down before you.
All the angels sing your praise,
The hosts of heaven and all the angelic powers,
All the cherubim and seraphim
Call out to you in unending song:
Holy, Holy, Holy,
Is the Lord God of angel hosts!
The heavens and the earth are filled
With your majesty and glory.
The glorious band of apostles,
The noble company of prophets,
The white-robed army who shed their blood for Christ,
All sing your praise.
And to the ends of the earth
Your holy Church proclaims her faith in you:
Father, whose majesty is boundless,
Your true and only son, who is to be adored,
The Holy Spirit sent to be our Advocate.
You, Christ, are the king of glory,
Son of the eternal Father.
When you took our nature to save mankind
You did not shrink from birth in the Virgin's womb.
You overcame the power of death
Opening the Father's kingdom to all who believe in you.
Enthroned at God's right hand in the glory of the Father,
You will come in judgement according to your promise.
You redeemed your people by your precious blood.
Coe, we implore you, to our aid.
Grant us with the saints
a place in eternal glory.
Lord, save your people
And bless your inheritance.
Rule them and uphold them
For ever and ever.
Day by day we praise you:
We acclaim you now and to all eternity.
In your goodness, Lord, keep us free from sin.
Have mercy on us, Lord, have mercy.
May your mercy always be with us, Lord,
For we have hoped in you.
In you, Lord, we put our trust:
We shall not be put to shame.

11. Bendedictus

Blessed be the Lord, the God of Israel;
he has come to his people and set them free.
He has raised up for us a mighty savior,
born of the house of his servant David.
Through his holy prophets he promised of old
that he would save us from our enemies,
from the hands of all who hate us.
He promised to show mercy to our fathers
and to remember his holy covenant.
This was the oath he swore to our father
Abraham: to set us free from the hands of our enemies,
free to worship him without fear,
holy and righteous in his sight all the days of our life.
You, my child, shall be called the prophet of the Most
High; for you will go before the Lord to prepare his way,
to give his people knowledge of salvation
by the forgiveness of their sins.
In the tender compassion of our God
the dawn from on high shall break upon us,
to shine on those who dwell in darkness and the shadow
of death, and to guide our feet into the way of peace.
Glory to the Father...

12. Magnificat

My soul glorifies the Lord,
My spirit rejoices in God my Saviour.
He looks on his servant in her lowliness;
Henceforth all generations will call me blessed.
The Almighty works marvels for me.
Holy his name!
His mercy is from age to age,
on those who fear him.
He puts forth his arm in strength
And scatters the proud hearted.
He casts the mighty from their thrones
And raises the lowly.
He fills the starving with good things,
Sends the rich away empty.
He protects Israel, his servant,
remembering his mercy,
the mercy promised to our fathers,

to Abraham and his sons for ever.
Glory to the Father...

13. Angelus

V. The Angel of the Lord declared unto Mary.
R. And she conceived of the Holy Spirit.
Hail, Mary...
V. Behold the handmaid of the Lord.
R. Be it done unto me according to thy word.
Hail Mary...
V. And the Word was made flesh.
R. And dwelt among us.
Hail Mary...
V. Pray for us, O holy Mother of God.
R. That we may be made worthy
of the promises of Christ.

Let us pray;
Pour forth, we beseech thee,
O Lord, thy grace into our hearts;
that we, to whom the Incarnation of Christ, thy Son,
was made known by the message of an angel,
may by his Passion and Cross be brought
to the glory of his Resurrection.
Through the same Christ, our Lord. Amen.

Glory be to the Father... (3)

14. Regina Coeli

Queen of heaven, rejoice, alleluia!
for he whom you were worthy to bear, alleluia!
has risen as he said, alleluia!
Pray for us to God, alleluia!
Rejoice and be glad, O Virgin Mary, alleluia!
For the Lord has truly risen, alleluia.

Let us pray;
O God, who through the resurrection of your Son, our Lord Jesus Christ, did vouchsafe to give joy to the world; grant, we beseech you, that through his Mother, the Virgin Mary, we may obtain the joys of everlasting life. Through the same Christ our Lord. Amen

15. Sub tuum praesidium

We fly to thy protection,
O holy Mother of God.
Despise not our petitions
in our necessities,
but deliver us always
from all dangers
O glorious and blessed Virgin.

16. Veni, Creátor Spíritus

Come, Holy Spirit, Creator come,
From your bright heavenly throne!
Come, take possession of our souls,
And make them all your own.

You who are called the Paraclete,
Best gift of God above,
The living spring, the living fire,
Sweet unction, and true love!

You who are sevenfold in your grace,
Finger of God's right hand,
His promise, teaching little ones
To speak and understand!

O guide our minds with your blessed light,
With love our hearts inflame,
And with your strength which never decays
Confirm our mortal frame.

Far from us drive our hellish foe
True peace unto us bring,
And through all perils guide us safe
Beneath your sacred wing.

Through you may we the Father know,
Through you the eternal Son
And you the Spirit of them both
Thrice-blessed three in one.

All glory to the Father be,
And to the risen Son;

The same to you, O Paraclete,
While endless ages run. Amen.

17. Veni, Sancte Spíritus

Come, Holy Spirit, come!
And from your celestial home
Shed a ray of light divine!
Come, Father of the poor!
Come, source of all our store!
Come, within our bosoms shine.
You, of comforters the best;
You, the soul's most welcome guest;
Sweet refreshment here below;
In our labor, rest most sweet;
Grateful coolness in the heat;
Solace in the midst of woe.
O most blessed Light divine,
Shine within these hearts of yours,
And our inmost being fill!
Where you are not, we have naught,
Nothing good in deed or thought,
Nothing free from taint of ill.
Heal our wounds, our strength renew;
On our dryness pour your dew;
Wash the stains of guilt away:
Bend the stubborn heart and will;
Melt the frozen, warm the chill;
Guide the steps that go astray.
On the faithful, who adore
And confess you, evermore
In your sevenfold gift descend:
Give them virtue's sure reward;
Give them your salvation, Lord;
Give them joys that never end. Amen.

18. Anima Christi

Soul of Christ, sanctify me.
Body of Christ, save me.
Blood of Christ, inebriate me.
Water from Christ's side, wash me.
Passion of Christ, strengthen me.
O good Jesus, hear me.

Within Thy wounds hide me.
Suffer me not to be separated from Thee.
From the malicious enemy defend me.
In the hour of my death call me.
And bid me come unto Thee.
That with Thy saints I may praise Thee,
Forever and ever. Amen.

19. Memorare

Remember, O most gracious Virgin Mary, that never was it known that anyone who fled to thy protection, implored thy help, or sought thy intercession, was left unaided. Inspired by this confidence I fly unto thee, O Virgin of virgins, my Mother. To thee do I come, before thee I stand, sinful and sorrowful. O Mother of the Word Incarnate, despise not my petitions, but in thy mercy hear and answer me. Amen.

20. Rosarium B.V.M

The Joyful Mysteries (recited Monday and Saturday)
1. The Annunciation
2. The Visitation
3. The Nativity
4. The Presentation
5. The Finding in the Temple

The Mysteries of Light (recited Thursday)
1. The Baptism of Jesus
2.The Wedding Feast of Cana
3. The Proclamation of the Kingdom, with the call to Conversion
4. The Transfiguration
6. The Institution of the Eucharist

The Sorrowful Mysteries (recited Tuesday and Friday)
1. The Agony in the Garden
2. The Scourging at the Pillar
3. The Crowning with Thorns
4. The Carrying of the Cross
5. The Crucifixion

The Glorious Mysteries (recited Wednesday and Sunday)
1. The Resurrection
2. The Ascension
3. The Descent of the Holy Spirit

4. The Assumption

5. The Coronation of Mary Queen of Heaven and Earth

Prayer concluding the Rosary

Pray for us, O holy Mother of God.

That we may be made worthy of the promises of Christ.

> *Let us pray.*
>
> O God, whose only-begotten Son, by his life, death and resurrection, has purchased for us the rewards of eternal life, grant, we beseech thee, that meditating on these mysteries of the most holy Rosary of the Blessed Virgin Mary, we may imitate what they contain and obtain what they promise, through the same Christ our Lord. Amen.

21. Incensum

Coptic Insense Prayer

O King of peace, give us your peace and pardon our sins. Dismiss the enemies of the Church and protect her so that she never fail. Emmanuel our God is in our midst in the glory of the Father and of the Holy Spirit. May he bless us and purify our hearts and cure the sicknesses of our soul and body. We adore you, O Christ, with your good Father and the Holy Spirit because you have come and you have saved us.

22. Oratio Post- Missam

Syro-Maronite Farewell to the Altar

Remain in peace, O Altar of God. May the offering that I have taken from you be for the remission of my debts and the pardon of my sins and may it obtain for me that I may stand before the tribunal of Christ without condemnation and without confusion. I do not know if I will have the opportunity to return and offer another sacrifice upon you. Protect me, O Lord, and preserve your holy Church as the way to truth and salvation. Amen.

23. Pro Defunctis

Byzantine Prayer for the Deceased

God of the spirits and of all flesh, who have trampled death and annihilated the devil and given life to your world, may you yourself, O Lord, grant to the soul of your deceased servant N. rest in a place of light, a verdant place, a place of freshness, from where suffering, pain and cries are far removed. Do You, O good and compassionate God forgive every fault committed by him in word, work or thought because there is no man who lives and does not sin. You alone are without sin and your justice is justice throughout the ages and your word is truth. Since you, O Christ our God, are the resurrection, the life and the repose of your deceased servant N., we give you glory together with your un-begotten Father and your most holy, good and life-creating Spirit, now and always and forever and ever. Amen.

24. Actus Fidei

Act of Faith

O my God, I firmly believe that you are one God in three divine Persons, Father, Son, and Holy Spirit. I believe that your divine Son became man and died for our sins and that he will come to judge the living and the dead. I believe these and all the truths which the Holy Catholic Church teaches because you have revealed them who are eternal truth and wisdom, who can neither deceive nor be deceived. In this faith I intend to live and die. Amen.

25. Actus Spei

Act of Hope

O Lord God, I hope by your grace for the pardon of all my sins and after life here to gain eternal happiness because you have promised it who are infinitely powerful, faithful, kind, and merciful. In this hope I intend to live and die. Amen.

26. Actus Caritatis

Act of Love

O Lord God, I love you above all things and I love my neighbor for your sake because you are the highest, infinite and perfect good, worthy of all my love. In this love I intend to live and die. Amen.

27. Actus Contritionis

Act of Contrition

O my God, I am heartily sorry for having offended Thee, and I detest all my sins because of thy just punishments, but most of all because they offend Thee, my God, who art all good and deserving of all my love. I firmly resolve with the help of Thy grace to sin no more and to avoid the near occasion of sin. Amen.

Orationes Fidei Christianae

1. Signum Crucis

En el nombre del Padre, y del Hijo, y del Espíritu Santo. Amén.

2. Per Signum Crucis

Por la señal de la Santa Cruz †, de nuestros enemigos líbranos, †Señor. † En el nombre del Padre, y del Hijo, y del Espíritu Santo. Amén.

3. Oratio Dominca

Padre nuestro, que estás en el cielo, santificado sea tu Nombre; venga a nosotros tu reino; hágase tu voluntad en la tierra como en el cielo. Danos hoy nuestro pan de cada día; perdona nuestras ofensas, como también nosotros perdonamos a los que nos ofenden; no nos dejes caer en la tentación, y líbranos del mal. Amén

4. Ave Maria

Dios te salve, María, llena eres de gracia, el Señor es contigo. Bendita tú eres entre todas las mujeres, y bendito es el fruto de tu vientre, Jesús. Santa María, Madre de Dios, ruega por nosotros, pecadores, ahora y en la hora de nuestra muerte. Amén.

5. Symbolum Apostolorum

Creo en Dios, Padre Todopoderoso, Creador del cielo y de la tierra. Creo en Jesucristo, su único Hijo, Nuestro Señor, que fue concebido por obra y gracia del Espíritu Santo, nació de Santa María Virgen, padeció bajo el poder de Poncio Pilatos, fue crucificado, muerto y sepultado, descendió a los infiernos, al tercer día resucitó de entre los muertos, subió a los cielos y está sentado a la derecha de Dios, Padre todopoderoso. Desde allí ha de venir a juzgar a vivos y muertos. Creo en el Espíritu Santo, la santa Iglesia católica, la comunión de los santos, el perdón de los pecados, la resurrección de la carne y la vida eterna. Amén.

Español

Book of Prayers

6. Corona Divinae Misericordiae

1. Comenzamos con el Signo de la Cruz, 1 Padre Nuestro, 1 Avemaría y el Credo de los Apóstoles.

2. Luego las cuentas grandes se dice:

Padre Eterno, Te ofrezco el Cuerpo y la Sangre, el Alma y la Divinidad de Tu Amadísimo Hijo, Nuestro Señor Jesucristo, por nuestros pecados y los del mundo entero. Por su dolorosa Pasión, ten misericordia de nosotros y del mundo entero.

3. En las cuentas pequeñas se dice:

Por Su dolorosa pasión, ten misericordia de nosotros y del mundo entero. Para terminar, dirás tres veces estas palabras: Santo Dios, Santo Fuerte, Santo Inmortal, ten piedad de nosotros y del mundo entero.

4. Terminamos diciendo tres veces:

Santo Dios, Santo Todopoderoso, Santo Inmortal. Ten misericordia de nosotros y del mundo entero.

7. Salve Regina

Dios te salve, Reina y Madre de misericordia, vida, dulzura y esperanza nuestra; Dios te salve. A ti llamamos los desterrados hijos de Eva; a ti suspiramos, gimiendo y llorando en este valle de lágrimas. Ea, pues, Señora, abogada nuestra, vuelve a nosotros esos tus ojos misericordiosos; y después de este destierro, muéstranos a Jesús, fruto bendito de tu vientre.

¡Oh, clementísima, oh piadosa,
oh dulce Virgen María!

8. Angele Dei

Ángel de Dios, que eres mi custodio, pues la bondad divina me ha encomendado a ti, ilumíname, dirígeme, guárdame. Amén.

9. Gloria Patri

Gloria al Padre, y al Hijo, y al Espíritu Santo, como era en el principio ahora y siempre, por los siglos de los siglos. Amén.

10. Te Deum

A ti, oh Dios, te alabamos,
a ti, Señor, te reconocemos.
A ti, eterno Padre,
te venera toda la creación.
Los ángeles todos,
los cielos y todas las potestades te honran.
Los querubines y serafines
te cantan sin cesar:
Santo, Santo, Santo es el Señor,
Dios del universo.
Los cielos y la tierra
están llenos de la majestad de tu gloria.
A ti te ensalza
el glorioso coro de los Apóstoles,
la multitud admirable de los Profetas,
el blanco ejército de los mártires.
A ti la Iglesia santa,
extendida por toda la tierra, te proclama:
Padre de inmensa majestad,
Hijo único y verdadero, digno de adoración,
Espíritu Santo, Defensor.
Tú eres el Rey de la gloria, Cristo.
Tú eres el Hijo único del Padre.
Tú, para liberar al hombre,
aceptaste la condición humana
sin desdeñar el seno de la Virgen.
Tú, rotas las cadenas de la muerte,
abriste a los creyentes el reino del cielo.
Tú te sientas a la derecha de Dios
en la gloria del Padre.
Creemos que un día
has de venir como juez.
Te rogamos, pues,
que vengas en ayuda de tus siervos,
a quienes redimiste con tu preciosa sangre.
Haz que en la gloria eterna
nos asociemos a tus santos.
Salva a tu pueblo, Señor,
y bendice tu heredad.
Sé su pastor
y ensálzalo eternamente.

Español

Día tras día te bendecimos
y alabamos tu nombre para siempre,
por eternidad de eternidades.
Dígnate, Señor, en este día
guardarnos del pecado.
Ten piedad de nosotros, Señor,
ten piedad de nosotros.
Que tu misericordia, Señor,
venga sobre nosotros,
como lo esperamos de ti.
En ti, Señor, confié,
no me veré defraudado para siempre.

11. Bendedictus

Bendito sea el Señor, Dios de Israel,
porque ha visitado
y redimido a su pueblo,
suscitándonos una fuerza de salvación
en la casa de David, su siervo,
según lo había predicho desde antiguo
por boca de sus santos Profetas.
Es la salvación que nos libra
de nuestros enemigos
y de la mano de todos los que nos odian;
realizando la misericordia
que tuvo con nuestros padres,
recordando su santa alianza
y el juramento que juró
a nuestro padre Abrahán.
Para concedernos que,
libres de temor,
arrancados de la mano de los enemigos,
le sirvamos con santidad y justicia,
en su presencia, todos nuestros días.
Y a ti, niño, te llamarán profeta del Altísimo,
porque irás delante del Señor
a preparar sus caminos,
anunciando a su pueblo la salvación,
el perdón de sus pecados.
Por la entrañable misericordia
de nuestro Dios, nos visitará el sol
que nace de lo alto, para iluminar

a los que viven en tinieblas
y en sombra de muerte,
para guiar nuestros pasos
por el camino de la paz.
Gloria al Padre...

12. Magnificat

Proclama mi alma
la grandeza del Señor,
se alegra mi espíritu en Dios,
mi salvador;
porque ha mirado la humillación
de su esclava.
Desde ahora me felicitarán
todas las generaciones,
porque el Poderoso ha hecho
obras grandes por mí:
su nombre es santo,
y su misericordia llega a sus fieles
de generación en generación.
Él hace proezas con su brazo:
dispersa a los soberbios de corazón,
derriba del trono a los poderosos
y enaltece a los humildes,
a los hambrientos los colma de bienes
y a los ricos los despide vacíos.
Auxilia a Israel, su siervo,
acordándose de la misericordia
–como lo había prometido a nuestros padres–
en favor de Abrahán
y su descendencia por siempre.
Gloria al Padre

13. Angelus

El ángel del Señor anunció a María.
Y concibió por obra y gracia del Espíritu Santo.
Dios te salve, María...
He aquí la esclava del Señor.
Hágase en mí según tu palabra.
Dios te salve, María...
Y el Verbo de Dios se hizo carne.
Y habitó entre nosotros.

Book of Prayers

Dios te salve, María...

Ruega por nosotros, Santa Madre de Dios, para que seamos dignos de alcanzar las promesas de Jesucristo.

Oremos

Infunde, Señor, tu gracia en nuestras almas,
para que, los que hemos conocido,
por el anuncio del Ángel,
la Encarnación de tu Hijo Jesucristo, lleguemos
por los Méritos de su Pasión y su Cruz,
a la gloria de la Resurrección
Por Jesucristo Nuestro Señor. Amén.

Gloria al Padre... (3).

14. Regina Coeli

Reina del cielo alégrate; aleluya.
Porque el Señor a quien has merecido llevar; aleluya.
Ha resucitado según su palabra; aleluya.
Ruega al Señor por nosotros; aleluya.
Gózate y alégrate, Virgen María; aleluya.
Porque verdaderamente ha resucitado el Señor; aleluya.
Oremos
Oh Dios, que por la resurrección de tu Hijo, nuestro Señor Jesucristo,
has llenado el mundo de alegría, concédenos, por intercesión de su Madre,
la Virgen María, llegar a alcanzar los gozos eterno.
Por nuestro Señor Jesucristo. Amén.

15. Sub tuum praesidium

Bajo tu amparo nos acogemos,
Santa Madre de Dios;
no deseches las súplicas
que te dirigimos
en nuestras necesidades;
antes bien, líbranos siempre
de todo peligro,
¡Oh Virgen gloriosa y bendita!

16. Veni, Creátor Spíritus

Ven, Espíritu Creador,
visita las almas de tus fieles
llena con tu divina gracia,

los corazones que creaste.
Tú, a quien llamamos Paráclito,
don de Dios Altísimo,
fuente viva, fuego,
caridad y espiritual unción.
Tú derramas sobre nosotros los siete dones;
Tú, dedo de la diestra del Padre;
Tú, fiel promesa del Padre;
que inspiras nuestras palabras.
Ilumina nuestros sentidos;
infunde tu amor en nuestros corazones;
y, con tu perpetuo auxilio,
fortalece la debilidad de nuestro cuerpo.
Aleja de nosotros al enemigo,
danos pronto la paz,
sé nuestro director y nuestro guía,
para que evitemos todo mal.
Por ti conozcamos al Padre,
al Hijo revélanos también;
Creamos en ti, su Espíritu,
por los siglos de los siglos
Gloria a Dios Padre,
y al Hijo que resucitó,
y al Espíritu Consolador,
por los siglos de los siglos. Amén.

17. Veni, Sancte Spíritus

Ven, Espíritu divino,
manda tu luz desde el cielo.
Padre amoroso del pobre;
don, en tus dones espléndido;
luz que penetra las almas;
fuente del mayor consuelo.
Ven, dulce huésped del alma,
descanso de nuestro esfuerzo,
tregua en el duro trabajo,
brisa en las horas de fuego,
gozo que enjuga las lágrimas
y reconforta en los duelos.
Entra hasta el fondo del alma,
divina luz, y enriquécenos.
Mira el vacío del hombre,

si tú le faltas por dentro;
mira el poder del pecado,
cuando no envías tu aliento.
Riega la tierra en sequía,
sana el corazón enfermo,
lava las manchas,
infunde calor de vida en el hielo,
doma el espíritu indómito,
guía al que tuerce el sendero.
Reparte tus siete dones,
según la fe de tus siervos;
por tu bondad y tu gracia,
dale al esfuerzo su mérito;
salva al que busca salvarse
y danos tu gozo eterno. Amén.

18. Anima Christi

Alma de Cristo, santifícame.
Cuerpo de Cristo, sálvame.
Sangre de Cristo, embriágame.
Agua del costado de Cristo, lávame.
Pasión de Cristo, confórtame.
¡Oh, buen Jesús!, óyeme.
Dentro de tus llagas, escóndeme.
No permitas que me aparte de Ti
Del maligno enemigo, defiéndeme
En la hora de mi muerte, llámame.
Y mándame ir a Ti,
Para que con tus santos te alabe.
Por los siglos de los siglos. Amén.

19. Memorare

Acordaos, oh piadosísima Virgen María, que jamás se ha
oído decir que ninguno de los que han acudido a vuestra
protección, implorando vuestra asistencia y reclamando
vuestro socorro, haya sido abandonado de ti. Animado
con esta confianza, a vos también acudo, oh Madre, Virgen
de las vírgenes, y aunque gimiendo bajo el peso de mis
pecados, me atrevo a comparecer ante vuestra presencia
soberana. No desechéis mis humildes súplicas, ¡oh!, Madre
del Verbo divino, antes bien, escuchadlas y acogedlas
benignamente. Amén.

20. Rosarium B.V.M

Misterios Gozosos (lunes y sábado)
1. La encarnación del Hijo de Dios.
2. La visitación de Nuestra Señora a su prima Santa Isabel.
3. El nacimiento del Hijo de Dios.
4. La Presentación de Jesús en el templo.
5. El Niño Jesús perdido y hallado en el templo.

Misterios Luminosos (jueves)
1. El Bautismo de Jesús en el Jordán.
2. La autor Revelación de Jesús en las bodas de Caná.
3. El anuncio del Reino de Dios invitando a la conversión.
4. La Transfiguración.
5. La Institución de la Eucaristía.

Misterios Dolorosos (martes y viernes)
1. La Oración de Jesús en el Huerto.
2. La Flagelación del Señor.
3. La Coronación de espinas.
4. Jesús con la Cruz a cuestas camino del Calvario.
5. La Crucifixión y Muerte de Nuestro Señor.

Misterios Gloriosos (miércoles y domingo)
1. La Resurrección del Hijo de Dios.2. La Ascensión del Señor a los Cielos.
3. La Venida del Espíritu Santo sobre los Apóstoles.
4. La Asunción de Nuestra Señora a los Cielos.
5. La Coronación de la Santísima Virgen como Reina de Cielos y Tierra.

Jaculatoria

Ruega por nosotros, Santa Madre de Dios,
Para que seamos dignos de alcanzar las promesas de Nuestro Señor Jesucristo.

Oremos (América Latina)
Oh Dios, cuyo Hijo por medio de su vida, muerte y resurrección, nos otorgó los premios de la vida eterna, te rogamos que venerando humildemente los Misterios del Rosario de la Santísima Virgen María, imitemos lo que contienen y consigamos lo que nos prometen. Por Jesucristo, nuestro Señor. Amén

Oremos (Tradición española)
Te pedimos Señor, nos concedas a nosotros tus siervos, gozar de perpetua salud de alma y cuerpo, y por la gloriosa

Español

intercesión de la bienaventurada siempre Virgen María, seamos librados de las tristezas presentes y gocemos de la eterna alegría. Por Jesucristo, nuestro Señor. Amén.

21. Incensum
(Tradición copta)

Oh Rey de la Paz, danos tu Paz y perdona nuestros pecados. Aleja a los enemigos de la Iglesia y guárdala, para que no desfallezca. Emmanuel, Dios con nosotros, está entre nosotros en la gloria del Padre y del Espíritu Santo. Bendícenos y purifica nuestro corazón y sana las enfermedades del alma y del cuerpo. Te adoramos, oh Cristo, con el Padre de bondad y con el Espíritu Santo, porque has venido, nos has salvado.

22. Oratio Post- Missam
(Tradición siro-maronita)

Queda en paz, oh Altar de Dios. La oblación que hoy he ofrecido sobre ti, sea para la remisión de las culpas y el perdón de los pecados y me alcance estar ante el tribunal de Cristo sin condena y sin confusión. No sé si se me concederá volver a ofrecer sobre ti otro Sacrificio. Protégeme, Señor, y conserva a tu Santa Iglesia, que es camino de verdad y de salvación. Amén

23. Pro Defunctis
(Tradición bizantina)

Dios de los espíritus y de toda carne, que sepultaste la muerte, venciste al demonio y diste la vida al mundo. Tú, Señor, concede al alma de tu difunto siervo N., el descanso en un lugar luminoso, en un oasis, en un lugar de frescura, lejos de todo sufrimiento, dolor o lamento. Perdona las culpas por él cometidas de pensamiento, palabra y obra, Dios de bondad y misericordia; puesto que no hay hombre que viva y no peque, ya que Tú sólo eres Perfecto y tu Justicia es justicia eterna y tu Palabra es la Verdad. Tú eres la Resurrección, la Vida y el descanso del difunto, tu siervo N. Oh Cristo Dios nuestro. Te glorificamos junto con el Padre no engendrado y con tu santísimo, bueno y vivificante Espíritu.

24. Actus Fidei

Señor Dios, creo firmemente y confieso todas y cada una de las verdades que la Santa Iglesia Católica propone, porque tú las revelaste, oh Dios, que eres la eterna Verdad y Sabiduría, que ni se engaña ni nos puede engañar Quiero vivir y morir en esta fe. Amén

Creo en Dios Padre; Creo en Dios Hijo; Creo en Dios Espíritu Santo; Creo en la Santísima Trinidad; Creo en mi Señor Jesucristo, Dios y hombre verdadero.

25. Actus Spei

Señor Dios mío, espero por tu gracia la remisión de todos mis pecados; y después de esta vida, alcanzar la eterna felicidad, porque tú lo prometiste que eres infinitamente poderoso, fiel, benigno y lleno de misericordia. Quiero vivir y morir en esta esperanza. Amén.

Espero en Dios Padre; Espero en Dios Hijo; Espero en Dios Espíritu Santo; Espero en la Santísima Trinidad; Espero en mi Señor Jesucristo, Dios y hombre verdadero.

26. Actus Caritatis

Dios mío, te amo sobre todas las cosas y al prójimo por ti, porque Tú eres el infinito, sumo y perfecto Bien, digno de todo amor. Quiero vivir y morir en este amor. Amén

Amo a Dios Padre; Amo a Dios Hijo; Amo a Dios Espíritu Santo; Amo a la Santísima Trinidad; Amo a mi Señor Jesucristo, Dios y hombre verdadero. Amo a María santísima, madre de Dios y madre nuestra y amo a mi prójimo como a mí mismo.

Español

27. Actus Contritionis

(*América Latina*)

Dios mío, me arrepiento de todo corazón de todos mis pecados y los aborrezco, porque al pecar, no sólo merezco las penas establecidas por ti justamente, sino principalmente porque te ofendí, a ti sumo Bien y digno de amor por encima de todas las cosas. Por eso propongo firmemente, con ayuda de tu gracia, no pecar más en adelante y huir de toda ocasión de pecado. Amén

(*España*)

Señor mío Jesucristo, Dios y hombre verdadero, Creador, Padre y Redentor mío. Por ser vos quien sois, Bondad infinita, y porque os amo sobre todas las cosas, me pesa de todo corazón haberos ofendido. También me pesa que podáis castigarme con las penas del infierno. Ayudado de vuestra divina gracia propongo firmemente nunca más pecar, confesarme y cumplir la penitencia que me fuera impuesta. Amén

Orationes Fidei Christianae

1. Signum Crucis

Au nom du Père et du Fils et du Saint-Esprit. Amen.

2. Per Signum Crucis

Par le signe de croix †, délivre-nous de nos ennemies, † Oh Seigneur. † Au nom du Père et du Fils et du Saint-Esprit. Amen.

3. Oratio Dominca

Notre Père, qui est aux cieux, que ton nom soit sanctifié; que ton règne vienne, que ta volonté soit faite sur la terre comme au ciel. Donne-nous aujourd'hui notre pain de ce jour. Pardonne-nous nos offenses, comme nous pardonnons aussi á ceux qui nous ont offensés. Et ne nous soumets pas à la tentation, mais délivre-nous du mal. Amen.

4. Ave Maria

Je vous salue, Marie, pleine de grâce. Le Seigneur est avec vous. Vous êtes bénie entre toutes les femmes, et Jésus, le fruit de vos entrailles, est béni. Sainte Marie, Mère de Dieu, Priez pour nous, pauvres pécheurs, maintenant et à l'heure de notre mort. Amen

5. Symbolum Apostolorum

Je crois en Dieu, le Père tout-puissant, créateur du ciel et de la terre. Et en Jésus Christ, son Fils unique, notre Seigneur qui a été conçu du Saint-Esprit, est né de la Vierge Marie, a souffert sous Ponce Pilate, a été crucifié, est mort et a été enseveli, est descendu aux enfers, le troisième jour est ressuscité des morts, est monté aux cieux, est assis à la droite de Dieu le Père tout-puissant d'où Il viendra juger les vivants et les morts. Je crois en l'Esprit-Saint, á la sainte Église Catholique, à la communion des saints, à la rémission des péchés, à la résurrection de la chair, à la vie éternelle. Amen.

Française

6. Corona Divinae Misericordiae

1. On commence pour réciter: le Signe de Croix ; après on dit le Notre Père, le Je vous salue Marie, et le Symbole des Apôtres.
2. Sur les grains du Notre Père, on dit:
Père Éternel, je T'offre le Corps et le Sang, l'Âme et la Divinité de Ton Fils bien-aimé, Notre Seigneur Jésus-Christ, en réparation de nos péchés et de ceux du monde entier.
3. Sur les grains du Je vous salue Marie, on dit:
Par Sa douloureuse Passion, prends pitié de nous et du monde entier.
4. A la fin, on dit trois fois:
Saint Dieu, Saint Fort, Saint Immortel, prends pitié de nous et du monde entier.

7. Salve Regina

Salut, ô Reine, Mère de miséricorde, notre vie, notre douceur, notre espérance, salut!
Nous crions vers toi, enfants d'Ève exilés. Vers toi nous soupirons, gémissant et pleurant dans cette vallée de larmes. Ô toi, notre avocate tourne vers nous ton regard miséricordieux. Et, après cet exil, montre-nous Jésus, le fruit béni de tes entrailles.
Ô clémente, ô miséricordieuse,
ô douce Vierge Marie

8. Angele Dei

Ange de Dieu, toi mon gardien, éclaire-moi, protège-moi, dirige-moi, moi qui te fut confié par le Dieu Tout-Puissant. Amen

9. Gloria Patri

Gloire au Père, au Fils et au Saint-Esprit, comme il était au commencement, maintenant et toujours et dans les siècles des siècles. Amen.

10. Te Deum

À Dieu, notre louange!
Seigneur, nous te glorifions
À toi, Père éternel,
la terre entière te vénère.

À toi les anges
Et toutes les puissance d'en haut
À toi tous les esprits bienheureux
Redisent sans cesse :
Saint! Saint! Saint!
Le Seigneur, Dieu de l'univers;
le ciel et la terre
sont remplis de ta gloire.
Le chœur glorieux des Apôtres,
les prophètes,
l'armée des martyrs chante ta gloire;
Par toute la terre,
la Sainte Église confesse,
Ô Père, ton infinie majesté;
Ton adorable et unique vrai Fils;
Avec le Saint-Esprit Consolateur.
Ô Christ, tu es le Roi de gloire.
Tu es le Fils éternel du Père.
Pour libérer l'humanité,
tu t'es fait homme,
ne dédaignant pas le corps de la Vierge.
Toi, Vainqueur de la mort,
tu ouvres aux croyants le Royaume
des cieux;
Tu sièges à la droite de Dieu,
Dans la gloire du Père.
Nous croyons que tu es le juge qui doit venir.
Daigne alors secourir
tes serviteurs que tu as rachetés
par ton précieux sang.
Fais qu'ils soient au nombre de tes saints,
dans la gloire éternelle.
Sauve ton peuple, Seigneur, et bénis
ton héritage.
Sois leur guide et conduis-les sur le chemin
d'éternité.
Chaque jour, nous te bénissons
Nous louons ton nom
à jamais, et dans les siècles des siècles.
Daigne, Seigneur,
veiller sur nous et nous garder de
tout péché.
Aie pitié de nous, Seigneur,

Française

aie pitié de nous.
Que ta miséricorde,
Seigneur, soit sur nous,
puisque tu es notre espoir.
Tu es, Seigneur, mon espérance;
jamais je ne serai déçu.

11. Bendedictus

Béni soit le Seigneur, le Dieu d'Israël,
qui visite et rachète son peuple.
Il a fait surgir la force qui nous sauve
dans la maison de David, son serviteur,
comme il l'avait par la bouche des saints,
par ses prophètes, depuis les temps
anciens : salut qui nous arrache à l'ennemi,
à la main de tous nos oppresseurs,
amour qu'il montre envers nos pères,
mémoire de son alliance sainte,
serment juré à notre père Abraham
de nous rendre sans crainte,
afin que délivrés de la main des ennemis,
nous le servions, dans la justice et la
sainteté, en sa présence, tout au long de nos jours.
Et toi, petit enfant tu seras appelé prophète du Très-Haut :
tu marcheras devant, à la face du Seigneur,
et tu prépareras ses chemins pour donner à son peuple
de connaître le salut par la rémission de ses péchés,
grâce à la tendresse, à l'amour de notre Dieu,
quand nous visite l'astre d'en haut,
pour illuminer ceux qui habitent les ténèbres
et l'ombre de la mort,
pour conduire nos pas au chemin de la paix.
Gloire au Père...

12. Magnificat

Mon âme exalte le Seigneur,
exulte mon esprit
en Dieu, mon Sauveur!
Il s'est penché
sur son humble servante;
désormais, tous les âges
me diront bienheureuse.

Le Puissant fit pour moi des merveilles;
Saint est son nom!
Son amour s'étend d'âge en âge
sur ceux qui le craignent.
Déployant la force de son bras,
il disperse les superbes.
Il renverse les puissants de leurs trônes,
il élève les humbles.
Il comble de bien les affamés,
renvoie les riches les mains vides.
Il relève Israël, son serviteur,
il se souvient de son amour,
de la promesse faite à nos pères,
en faveur d'Abraham et de sa race,
à jamais.
Gloire au Père...

13. Angelus

L'ange du Seigneur apporta
l'annonce à Marie.
Et elle a conçu
du Saint-Esprit.
Je vous salue, Marie …
Voici la servante du Seigneur.
Qu'il me soit fait
selon ta parole.
Je vous salue, Marie …
Et le Verbe s'est fait chair.
Et il a habité parmi nous.
Je vous salue, Marie …
Prie pour nous, Sainte Mère de Dieu.
Afin que nous soyons rendus dignes
des promesses du Christ.
Prions
Que ta grâce, Seigneur notre Père,
se répande en nos cœurs :
par le message de l'ange,
tu nous as fait connaître l'incarnation
de ton Fils bien-aimé,
conduis-nous, par sa passion et
par sa croix, jusqu'à la gloire de la Résurrection
Par Jésus, le Christ, notre Seigneur. Amen.

Française

Gloire au Père...(3).

14. Regina Coeli

Reine du ciel, réjouis-toi, alleluia.
Car celui qu'il te fut donné de porter, alleluia,
Est ressuscité comme il l'avait dit. alleluia.
Prie Dieu pour nous, alleluia.
Sois heureuse et réjouis-toi, Vierge Marie, alleluia,
Car le Seigneur est vraiment ressuscité, alleluia.
Prions.
Dieu qui, par la résurrection de ton Fils notre Seigneur
Jésus Christ, as bien voulu réjouir le monde, fais, nous t'en
prions, que par la Vierge Marie, sa mère, nous arrivions
aux joies de la vie éternelle. Par le Christ notre Seigneur.
Amen.

15. Sub tuum praesidium

Sous l'abri de ta miséricorde, nous nous
réfugions, Sainte Mère de Dieu.
Ne méprise pas nos prières
quand nous sommes dans l'épreuve,
mais de tous les dangers
délivre-nous toujours,
Vierge glorieuse, Vierge bienheureuse.

16. Veni, Creátor Spíritus

Viens, Esprit Créateur,
Visite l'âme de tes fidèles,
Emplis de la grâce d'En-Haut
Les cœurs que tu as créés.

Toi qu'on nomme le Conseiller,
Don du Dieu Très-Haut,
Source vive, feu, charité,
Invisible consécration.

Tu es l'Esprit aux sept dons,
Le doigt de la main du Père,
L'Esprit de vérité promis par le Père,
C'est toi qui inspires nos paroles.

Allume en nous ta lumière,

Emplis d'amour nos cœurs,
Affermis toujours de ta force
La faiblesse de notre corps.

Repousse l'ennemi loin de nous,
Donne-nous ta paix sans retard,
Pour que, sous ta conduite et ton conseil,
Nous évitions tout mal et toute erreur.

Fais-nous connaître le Père,
Révèle-nous le Fils,
Et toi, leur commun Esprit,
Fais-nous toujours croire en toi.

Gloire soit à Dieu le Père,
au Fils ressuscité des morts,
à l'Esprit Saint Consolateur,
maintenant et dans tous les siècles. Amen.

17. Veni, Sancte Spíritus

Viens, Esprit Saint,
et envoie du haut du ciel
un rayon de ta lumière.
Viens, Père des pauvres,
viens, dispensateur des dons,
viens, lumière de nos cœurs.
Consolateur souverain,
hôte très doux de nos âmes,
adoucissante fraîcheur.
Dans le labeur, le repos;
dans la fièvre, la fraîcheur;
dans les pleurs, le réconfort.
Ô lumière bienheureuse,
viens remplir jusqu'à l'intime
le cœur de tous tes fidèles.
Sans ta puissance divine,
il n'est rien en aucun homme,
rien qui ne soit perverti.
ce qui est souillé,
baigne ce qui est aride,
guéris ce qui est blessé.
Assouplis ce qui est raide,

réchauffe ce qui est froid,
rends droit ce qui est faussé.
À tous ceux qui ont la foi
et qui en toi se confient
donne tes sept dons sacrés.
Donne mérite et vertu,
donne le salut final,
donne la joie éternelle. Amen.18. Anima Christi
Âme du Christ, sanctifie-moi.
Corps du Christ, sauve-moi.
Sang du Christ, enivre-moi.
Eau du côté du Christ, lave-moi.
Passion du Christ, fortifie-moi.
Ô bon Jésus, exauce-moi.
Dans tes blessures, cache-moi.
Ne permets pas que je sois séparé de toi.
De l'ennemi perfide, défends-moi.
À l'heure de ma mort, appelle-moi.
Ordonne-moi de venir à toi, pour qu'avec tes Saints
je te loue, toi, dans les siècles des siècles. Amen.19.
MemorareSouvenez-vous, ô très miséricordieuse Vierge
Marie, qu'on n'a jamais entendu dire qu'aucun de ceux
qui avaient eu recours à votre protection, imploré votre
assistance, réclamé votre secours, ait été abandonné. Animé
d'une pareille confiance, ô Vierge des vierges, ô ma Mère, je
cours vers vous et, gémissant sous le poids de mes péchés, je
me prosterne à vos pieds. Ô Mère du Verbe, ne méprisez
pas mes prières, mais accueillez- les favorablement et
daignez les exaucer. Amen.

20. Rosarium B.V.M

Mystères joyeux. (à réciter le lundi et le samedi)
1. L'Annonciation.
2. La Visitation.
3. La Nativité.
4. La Présentation de Jésus au Temple.
5. Recouvrement de Jésus au Temple.

Mystère lumineux (à réciter le jeudi)
1. Le baptême de Jésus dans le Jourdain.
2. Les noces de Cana.
3. L'annonce du Royaume de Dieu.
4. La Transfiguration.

5. L'Institution de l'Eucharistie.

Mystères douloureux (à réciter le mardi et le vendredi)
1. L'agonie de Jésus au Jardin des Oliviers.
2. La flagellation.
3. Le couronnement d'épines.
4. Jésus porte sa croix.
5. La mort de Jésus en croix.

Mystères glorieux *(à réciter le mercredi et le dimanche)*
1. La Résurrection.
2. L'Ascension.
3. La Pentecôte.
4. L'Assomption.
5. Le couronnement de Marie.
Prière à la fin du Rosaire
Prie pour nous, Sainte Mère de Dieu.
Afin que nous soyons rendus dignes des promesses du Christ.

> Prions.
> Ô Dieu, dont le Fils unique, par sa vie, sa mort et sa résurrection, nous a acquis les récompenses de la vie éternelle, fais, nous t'en supplions, qu'en méditant ces mystères du Rosaire de la Bienheureuse Vierge Marie, nous puissions imiter ce qu'ils contiennent et obtenir ce qu'ils promettent. Par Jésus Christ, notre Seigneur. Amen.

21. Incensum

(Tradition copte)

Ô Roi de la paix, donne-nous ta paix et pardonne nos péchés. Éloigne les ennemis de l'Église et garde-la, afin qu'elle ne défaille pas. L'Emmanuel notre Dieu est au milieu de nous dans la gloire du Père et de l'Esprit Saint. Qu'il nous bénisse, qu'il purifie notre cœur et qu'il guérisse les maladies de l'âme et du corps. Nous t'adorons, ô Christ, avec ton Père de bonté et avec l'Esprit Saint, parce que tu es venu et parce que tu nous as sauvés.

22. Oratio Post- Missam

(Tradition Syro-Maronite)

Sois en paix, Autel de Dieu. Puisse l'oblation que je t'ai prise servir à la rémission des dettes et au pardon des péchés. Qu'elle m'obtienne de me tenir devant le tribunal du Christ sans damnation et sans confusion. Je ne sais pas s'il me sera donné de revenir offrir sur toi un autre Sacrifice. Protège-moi, Seigneur, et garde ton Église, qui est chemin de vérité et de salut. Amen.

23. Pro Defunctis

(Tradition Byzantine)

Dieu des esprits et de toute chair, qui a foulé au pied la mort, qui a réduit le diable à néant et qui a donné ta vie au monde; Donne toi-même, Seigneur, à l'âme de ton serviteur défunt N. le repos dans un lieu lumineux, verdoyant et frais, loin de la souffrance, de la douleur et des gémissements. Que le Dieu bon et miséricordieux lui pardonne tous ses péchés commis en parole, par action et en pensée. Parce qu'il n'existe pas d'homme qui vive et qui ne pèche pas; toi seul es sans péché, ta justice est justice pour les siècles et ta parole est vérité. Ô Christ notre Dieu, puisque tu es la Résurrection, la vie et le repos de ton serviteur défunt N., nous te rendons grâce avec ton Père incréé et avec ton Esprit très saint, bon et vivifiant, aujourd'hui et pour les siècles des siècles. Amen. Qu'ils reposent en paix. Amen.

24. Actus Fidei

Mon Dieu, je crois fermement toutes les vérités que vous m'avez révélées et que vous nous enseignez par votre sainte Église, parce que vous ne pouvez ni vous tromper, ni nous tromper. Dans cette foi, puis-je vivre et mourir. Amen.

25. Actus Spei

Mon Dieu, j'espère avec une ferme confiance que vous me donnerez, par les mérites de Jésus-Christ, votre grâce en ce monde et le bonheur éternel dans l'autre, parce que vous l'avez promis et que vous tenez toujours vos promesses. Dans cette foi, puis-je vivre et mourir. Amen.

26. Actus Caritatis

Mon Dieu, je vous aime de tout mon cœur et plus que tout, parce que vous êtes infiniment bon, et j'aime mon prochain comme moi-même pour l'amour de vous.

27. Actus Contritionis

Mon Dieu, j'ai un très grand regret de vous avoir offensé parce que vous êtes infiniment bon et que le péché vous déplaît. Je prends la ferme résolution, avec le secours de votre sainte grâce, de ne plus vous offenser et de faire pénitence.

Française

Orationes Fidei Christianae

1. Signum Crucis

Im Namen des Vaters und des Sohnes und des Heiligen Geistes. Amen.

2. Per Signum Crucis

Durch das Zeichen des Kreuzes †, befreie uns, † Gott, von unseren Feinden. † Im Namen des Vaters und des Sohnes und des Heiligen Geistes. Amen.

3. Oratio Dominca

Vater unser im Himmel, Geheiligt werde dein Name. Dein Reich komme. Dein Wille geschehe, wie im Himmel so auf Erden. Unser tägliches Brot gib uns heute. Und vergib uns unsere Schuld, wie auch wir vergeben unsern Schuldigern. Und führe uns nicht in Versuchung, sondern erlöse uns von dem Bösen. Amen.

4. Ave Maria

Gegrüßet seist du, Maria, voll der Gnade, der Herr ist mit dir. Du bist gebenedeit unter den Frauen, und gebenedeit ist die Frucht deines Leibes, Jesus. Heilige Maria, Mutter Gottes, bitte für uns Sünder jetzt und in der Stunde unseres Todes. Amen

5. Symbolum Apostolorum

Ich glaube an Gott, den Vater, den Allmächtigen, den Schöpfer des Himmels und der Erde, und an Jesus Cristus, seinen eingeborenen Sohn, unsern Herrn, empfangen durch den Heiligen Geist, geboren von der Jungfrau Maria, gelitten unter Pontius Pilatus, gekreuzigt, gestorben und begraben, hinabgestiegen in das Reich des Todes, am dritten Tage auferstanden von den Toten, aufgefahren in den Himmel; er sitzt zur Rechten Gottes, des allmächtigen Vaters; von dort wird er kommen, zu richten die Lebenden und die Toten. Ich glaube an den Heiligen Geist, die heilige katholische Kirche, Gemeinschaft der Heiligen, Vergebung der Sünde, Auferstehung der Toten und das ewige Leben. Amen.

Deutsch

6. Corona Divinae Misericordiae

1. Dieses Gebet betet man auf dem Rosenkranz. Am Anfang: 1 Vater unser, 1 Gegrüßet seist du, Maria, und Ich glaube an Gott.

2. Große Perlen (1 x):
Ewiger Vater, ich opfere Dir auf den Leib und das Blut, die Seele und die Gottheit Deines über alles geliebten Sohnes, unseres Herrn Jesus Christus, um Verzeihung zu erlangen für unsere Sünden und die der ganzen Welt.

3. Kleine Perlen (10 x):
Durch Sein schmerzvolles Leiden habe Erbarmen mit uns und mit der ganzen Welt.

4. Zum Schluss (3 x):
Heiliger Gott, heiliger starker Gott, heiliger unsterblicher Gott, habe Erbarmen mit uns und mit der ganzen Welt.

7. Salve Regina

Sei gegrüßt, o Königin, Mutter der Barmherzigkeit, unser Leben, unsre Wonne und unsre Hoffnung, sei gegrüßt! Zu dir rufen wir verbannte Kinder Evas. Zu dir seufzen wir trauernd und weinend in diesem Tal der Tränen. Wohlan denn, unsre Fürsprecherin, wende deine barmherzigen Augen uns zu, und nach diesem Elend zeige uns Jesus, die gebenedeite Frucht deines Leibes!
O gütige, o milde,
o süße Jungfrau Maria!

8. Angele Dei

Engel Gottes, du mein Wächter, erleuchte, bewahre und leite mich! Amen

9. Gloria Patri

Ehr sei dem Vater und dem Sohn und dem heiligen Geist, wie es war im Anfang, jetzt und allezeit und von Ewigkeit zu Ewigkeit. Amen.

10. Te Deum

Dich, Gott, loben wir,
dich, Herr, preisen wir.
Dir, dem ewigen Vater,

huldigt das Erdenrund.
Dir rufen die Engel alle,
dir Himmel und Mächte insgesamt,
die Kerubim dir und die Serafim,
mit niemals endender Stimme zu:
Heilig, heilig, heilig
der Herr, der Gott der Scharen!
Voll sind Himmel und Erde
von deiner hohen Herrlichkeit.
Dich preist der glorreiche Chor der Apostel;
dich der Propheten lobwürdige Zahl;
dich der Märtyrer leuchtendes Heer;
dich preist über das Erdenrund
die heilige Kirche;
dich, den Vater unermessbarer Majestät;
deinen wahren und einzigen Sohn;
und den Heiligen Fürsprecher Geist.
Du König der Herrlichkeit, Christus.
Du bist des Vaters allewiger Sohn.
Du hast der Jungfrau Schoß nicht verschmäht,
bist Mensch geworden,
den Menschen zu befreien.
Du hast bezwungen des Todes Stachel
und denen, die glauben,
die Reiche der Himmel aufgetan.
Du sitzest zur Rechten Gottes
in deines Vaters Herrlichkeit.
Als Richter, so glauben wir,
kehrst du einst wieder.
Dich bitten wir denn,
komm deinen Dienern zu Hilfe,
die du erlöst mit kostbarem Blut.
In der ewigen Herrlichkeit
zähle uns deinen Heiligen zu.
Rette dein Volk, o Herr,
und segne dein Erbe;
und führe sie
und erhebe sie bis in Ewigkeit.
An jedem Tag benedeien wir dich
und loben in Ewigkeit deinen Namen,
ja, in der ewigen Ewigkeit.
In Gnaden wollest du, Herr,
an diesem Tag uns ohne Schuld bewahren.

Deutsch

Erbarme dich unser, o Herr,
  erbarme dich unser.
  Lass über uns dein Erbarmen geschehn,
  wie wir gehofft auf dich.
  Auf dich, o Herr,
  habe ich meine Hoffnung gesetzt.
  In Ewigkeit werde ich nicht zuschanden.

11. Bendedictus

Gepriesen sei der Herr, der Gott Israels!
Denn er hat sein Volk besucht
und ihm Erlösung geschaffen;
er hat uns einen starken Retter erweckt
im Hause seines Knechtes David.
So hat er verheißen von alters her
durch den Mund seiner heiligen Propheten.
Er hat uns errettet vor unsern Feinden
und aus der Hand aller, die uns hassen;
er hat das Erbarmen mit den Vätern
an uns vollendet und an seinen heiligen Bund gedacht,
an den Eid, den er unserm Vater Abraham geschworen hat;
er hat uns geschenkt,
dass wir, aus Feindeshand befreit,
ihm furchtlos dienen in Heiligkeit und Gerechtigkeit
vor seinem Angesicht all unsre Tage.
Und du, Kind, wirst Prophet des Höchsten heißen;
denn du wirst dem Herrn vorangehn
und ihm den Weg bereiten.
Du wirst sein Volk mit der Erfahrung des Heils beschenken
in der Vergebung der Sünden.
Durch die barmherzige Liebe unseres Gottes
wird uns besuchen das aufstrahlende Licht aus der Höhe,
um allen zu leuchten, die in Finsternis sitzen
und im Schatten des Todes und unsre Schritte zu lenken
auf den Weg des Friedens.
Ehre ...

12. Magnificat

Meine Seele preist die Größe des Herrn,
und mein Geist jubelt
über Gott, meinen Retter.
Denn auf die Niedrigkeit
seiner Magd hat er geschaut.
Siehe, von nun an preisen mich selig
alle Geschlechter!
Denn der Mächtige hat Großes an mir getan,
und sein Name ist heilig.
Er erbarmt sich von Geschlecht zu Geschlecht
über alle, die ihn fürchten.
Er vollbringt mit seinem Arm
machtvolle Taten:
Er zerstreut, die im Herzen voll Hochmut sind;
er stürzt die Mächtigen vom Thron
und erhöht die Niedrigen.
Die Hungernden beschenkt er mit seinen Gaben und lässt
die Reichen leer ausgehn.
Er nimmt sich seines Knechtes Israel an
und denkt an sein Erbarmen,
das er unsern Vätern verheißen hat,
Abraham und seinen Nachkommen auf ewig.
Ehre sei dem Vater...

13. Angelus

Der Engel des Herrn
brachte Maria die Botschaft.
Und sie empfing vom Heiligen Geist.
Gegrüßet seist du, Maria …
Maria sprach:
Siehe, ich bin die Magd des Herrn.
 Mir geschehe nach deinem Wort.
Gegrüßet seist du, Maria …
Und das Wort ist Fleisch geworden.
 Und hat unter uns gewohnt.
Gegrüßet seist du, Maria …
Bitte für uns, heilige Gottesmutter.
Dass wir würdig werden
der Verheißungen Christi.
    Lasset uns beten.
    Allmächtiger Gott, gieße deine Gnade

in unsere Herzen ein.
Durch die Botschaft des Engels
haben wir die Menschwerdung Christi,
deines Sohnes, erkannt.
Führe uns durch sein Leiden und Kreuz
zur Herrlichkeit der Auferstehung.
Darum bitten wir durch Christus, unsern Herrn.
Amen.
Ehre sei dem Vater …(3).

14. Regina Coeli

O Himmelskönigin, frohlocke. Halleluja.
Denn er, den du zu tragen würdig warst, Halleluja,
ist erstanden, wie er sagte. Halleluja.
Bitt Gott für uns, Maria. Halleluja.
Freu dich und frohlocke, Jungfrau Maria. Halleluja.
Denn der Herr ist wahrhaft auferstanden, Halleluja.

> Lasset uns beten.
> Allmächtiger Gott, durch die Auferstehung deines Sohnes, unseres Herrn Jesus Christus, hast du die Welt mit Jubel erfüllt. Lass uns durch seine jungfräuliche Mutter Maria zur unvergänglichen Osterfreude gelangen. Darum bitten wir durch Christus, unsern Herrn. Amen.

15. Sub tuum praesidium

Unter deinen Schutz und Schirm fliehen wir,
o heilige Gottesgebärerin;
verschmähe nicht unser Gebet
in unseren Nöten,
sondern errette uns jederzeit
von allen Gefahren,
o du glorreiche und gebenedeite Jungfrau.

16. Veni, Creátor Spíritus

Komm, Heil'ger Geist, der Leben schafft,
erfülle uns mit deiner Kraft.
Dein Schöpferwort rief uns zum Sein:
Nun hauch uns Gottes Odem ein.
Komm, Tröster, der die Herzen lenkt,
du Beistand, den der Vater schenkt;
aus dir strömt Leben, Licht und Glut,

du gibst uns Schwachen Kraft und Mut.
Dich sendet Gottes Allmacht aus
im Feuer und in Sturmes Braus;
du öffnest uns den stummen Mund
und machst der Welt die Wahrheit kund.
Entflamme Sinne und Gemüt,
dass Liebe unser Herz durchglüht
und unser schwaches Fleisch und Blut
in deiner Kraft das Gute tut.
Die Macht des Bösen banne weit,
schenk deinen Frieden allezeit.
Erhalte uns auf rechter Bahn,
dass Unheil uns nicht schaden kann.
Lass gläubig uns den Vater sehn,
sein Ebenbild, den Sohn, verstehn
und dir vertraun, der uns durchdringt
und uns das Leben Gottes bringt.
Den Vater auf dem ew'gen Thron
Und seinen auferstandnen Sohn,
dich, Odem Gottes, Heil'ger Geist,
auf ewig Erd' und Himmel preist. Amen.

17. Veni, Sancte Spíritus

Komm herab, o Heil'ger Geist,
der die finstre Nacht zerreißt,
strahle Licht in diese Welt.
Komm, der alle Armen liebt,
komm, der gute Gaben gibt,
komm, der jedes Herz erhellt.
Höchster Tröster in der Zeit,
Gast, der Herz und Sinn erfreut,
köstlich Labsal in der Not,
in der Unrast schenkst du Ruh,
hauchst in Hitze Kühlung zu,
spendest Trost in Leid und Tod.
Komm, o du glückselig Licht,
fülle Herz und Angesicht,
dring bis auf der Seele Grund.
Ohne dein lebendig Wehn
kann im Menschen nichts bestehn,
ann nichts heil sein noch gesund.
Was befleckt ist, wasche rein,

Dürrem gieße Leben ein,
heile du, wo Krankheit quält.
Wärme du, was kalt und hart,
löse, was in sich erstarrt,
lenke, was den Weg verfehlt.
Gib dem Volk, das dir vertraut,
das auf deine Hilfe baut,
deine Gaben zum Geleit.
Lass es in der Zeit bestehn,
deines Heils Vollendung sehn
und der Freuden Ewigkeit. Amen.

18. Anima Christi

Seele Christi, heilige mich!
Leib Christi, rette mich!
Blut Christi, tränke mich!
Wasser der Seite Christi, wasche mich!
Leiden Christi, stärke mich!
O guter Jesus, erhöre mich!
Birg in deinen Wunden mich!
Von dir lass nimmer scheiden mich!
Vor dem bösen Feind beschütze mich!
meiner Todesstunde rufe mich!
Zu dir zu kommen, heiße mich,
mit deinen Heiligen zu loben dich
in deinem Reiche ewiglich! Amen.

19. Memorare

Gedenke, o gütigste Jungfrau Maria, es ist noch nie gehört
worden, dass jemand, der zu dir seine Zuflucht nahm,
deinen Beistand anrief und um deine Fürbitte flehte,
von dir verlassen worden ist. Von diesem Vertrauen
beseelt, nehme ich meine Zuflucht zu dir, o Jungfrau der
Jungfrauen, meine Mutter, zu dir komme ich, vor dir stehe
ich als ein sündiger Mensch. O Mutter des ewigen Wortes,
verschmähe nicht meine Worte, sondern höre sie gnädig
an und erhöre mich! Amen.

20. Rosarium B.V.M

Die freudenreichen Geheimnisse (Montag und Samstag)
1. Jesus, den du, o Jungfrau, vom Heiligen Geist empfangen hast.
2. Jesus, den du, o Jungfrau, zu Elisabet getragen hast.
3. Jesus, den du, o Jungfrau, zu Betlehem geboren hast.
4. Jesus, den du, o Jungfrau, im Tempel aufgeopfert hast.
5. Jesus, den du, o Jungfrau, im Tempel wiedergefunden hast.

Die lichtreichen Geheimnisse (Donnerstag)
1. Jesus, der von Johannes getauft worden ist.
2. Jesus, der sich bei der Hochzeit in Kana offenbart hat.
3. Jesus, der uns das Reich Gottes verkündet hat.
4. Jesus, der auf dem Berg verklärt worden ist.
5. Jesus, der uns die Eucharistie geschenkt hat.

Die schmerzhaften Geheimnisse(Dienstag und Freitag)
1. Jesus, der für uns Blut geschwitzt hat.
2. Jesus, der für uns gegeißelt worden ist.
3. Jesus, der für uns mit Dornen gekrönt worden ist.
4. Jesus, der für uns das schwere Kreuz getragen hat.
5. Jesus, der für uns gekreuzigt worden ist.

Die glorreichen Geheimnisse(Mittwoch und Sonntag)
1. Jesus, der von den Toten auferstanden ist.
2. Jesus, der in den Himmel aufgefahren ist.
3. Jesus, der uns den Heiligen Geist gesandt hat.
4. Jesus, der dich, o Jungfrau, in den Himmel aufgenommen hat.
5. Jesus, der dich, o Jungfrau, im Himmel gekrönt hat.

Schlussgebet
Bitte für uns, heilige Gottesmutter.
Dass wir würdig werden der Verheißungen Christi.

> *Lasset uns beten.*
>
> Gott, dein eingeborener Sohn hat uns durch sein Leben, seinen Tod und seine Auferstehung die Schätze des ewigen Heiles erworben. Wir verehren diese Geheimnisse im heiligen Rosenkranz der seligen Jungfrau Maria. Lass uns nachahmen, was sie enthalten, und erlangen, was sie verheißen. Darum bitten wir durch Christus, unsern Herrn. Amen.

Deutch

21. Incensum

(koptische Überlieferung)

O König des Friedens, gib uns deinen Frieden und vergib uns unsere Sünden. Befreie die Kirche von ihren Feinden und beschütze sie, damit sie nicht zugrunde geht. Immanuel, unser Gott, ist unter uns in der Herrlichkeit des Vaters und des Heiligen Geistes. Er segne uns, läutere unsere Herzen und heile die Krankheiten der Seele und des Leibes. Wir beten dich an, o Christus, mit deinem guten Vater und dem Heiligen Geist, weil du gekommen bist und uns gerettet hast.

22. Oratio Post- Missam

(syro-maronitische Überlieferung)

Bleib in Frieden, o Altar Gottes. Die Opfergabe, die ich von dir empfangen habe, erlasse die Schuld, vergebe die Sünden und erwirke mir, nicht als Verdammter und Verwirrter vor dem Gericht Christi zu stehen. Ich weiß nicht, ob ich die Gnade erhalte, zu dir zurückzukehren und auf dir ein weiteres Opfer darzubringen. Beschütze mich, Herr, und bewahre deine heilige Kirche als Weg der Wahrheit und des Heiles. Amen.

23. Pro Defunctis

(byzantinische Überlieferung)

Gott der Geister und allen Fleisches, du hast den Tod zertreten, den Teufel vernichtet und deiner Welt das Leben geschenkt. Gib du selbst, o Herr, der Seele deines verstorbenen Dieners N. die Ruhe an einem lichtvollen Ort, an einem grünenden Ort, an einem Ort der Frische, wo es kein Leid, keinen Schmerz und kein Seufzen gibt. Guter und gnädiger Gott, vergib alle Schuld, die er in Worten, Werken oder Gedanken begangen hat. Denn es gibt keinen Menschen, der lebt und nicht sündigt. Du allein bist ohne Sünde, und deine Gerechtigkeit ist Gerechtigkeit für immer, und dein Wort ist Wahrheit. O Christus, unser Gott, da du die Auferstehung, das Leben und die Ruhe deines verstorbenen Dieners N. bist, verherrlichen wir dich zusammen mit deinem ungezeugten Vater und mit deinem heiligsten, guten und lebenspendenden Geist, jetzt und alle Zeit und in Ewigkeit. Lass sie ruhen in Frieden. Amen.

24. Actus Fidei

Herr und Gott, ich glaube fest und bekenne alles und jedes, was die heilige katholische Kirche zu glauben lehrt. Denn du, o Gott, hast das alles geoffenbart, der du die ewige Wahrheit und Weisheit bist, die weder täuschen noch getäuscht werden kann. In diesem Glauben will ich leben und sterben. Amen.

25. Actus Spei

Herr und Gott, ich hoffe, dass ich durch deine Gnade die Vergebung aller Sünden und nach diesem Leben die ewige Seligkeit erlange. Denn du hast das versprochen, der du unendlich mächtig, treu, gütig und barmherzig bist. In dieser Hoffnung will ich leben und sterben. Amen.

26. Actus Caritatis

Herr und Gott, ich liebe dich über alles und meinen Nächsten um deinetwillen. Denn du bist das höchste, unendliche und vollkommenste Gut, das aller Liebe würdig ist. In dieser Liebe will ich leben und sterben. Amen.

27. Actus Contritionis

Mein Gott, aus ganzem Herzen bereue ich alle meine Sünden, nicht nur wegen der gerechten Strafen, die ich dafür verdient habe, sondern vor allem, weil ich dich beleidigt habe, das höchste Gut, das würdig ist, über alles geliebt zu werden. Darum nehme ich mir fest vor, mit Hilfe deiner Gnade nicht mehr zu sündigen und die Gelegenheiten zur Sünde zu meiden. Amen..

Deutch

Orationes Fidei Christianae

1. Signum Crucis

Em nome do Pai e do Filho e do Espírito Santo. Ámen.

2. Per Signum Crucis

Pelo sinal da Santa Cruz †, livrai-nos Deus, Nosso Senhor, † dos nossos inimigos. † Em nome do Pai e do Filho e do Espírito Santo. Amén.

3. Oratio Dominca

Pai nosso, que estàs nos céus; santificado seja o teu nome; venha o teu reino, seja feita a tua vontade, assim na terra, como no céu. O pão nosso de cada dia nos dà hoje, e perdoa-nos as nossas dívidas assim como nòs perdoamos aos nossos devedores. E não nos induzas à tentação, mas livra-nos do mal. Amen.

4. Ave Maria

Ave-Maria, cheia de graça, o Senhor é convosco. Bendita sois vós entre as mulheres; bendito é o fruto do vosso ventre, Jesus. Santa Maria, Mãe de Deus, rogai por nós, pecadores, agora e na hora da nossa morte. Amen.

5. Symbolum Apostolorum

Creio em Deus Pai todo-poderoso, criador do céu e da terra. E em Jesus Cristo, seu único Filho, Nosso Senhor: que foi concebido pelo poder do Espírito Santo; nasceu da Virgem Maria, padeceu sob Pôncio Pilatos, foi crucificado, morto e sepultado; desceu às mansão dos mortos; ressuscitou ao terceiro dia; subiu aos céus; está sentado à direita de Deus Pai todo-poderoso, donde há de vir a julgar os vivos e os mortos. Creio no Espírito Santo, na santa Igreja Católica, na comunhão dos santos, na remissão dos pecados, na ressureição da carne, na vida eterna, Ámen.

Portoguese

6. Corona Divinae Misericordiae

1. Para ser rezado nas contas do terço. No começo: 1 Pai nosso, 1 Ave, Maria, 1 Símbolo dos Apóstolos

2. Nas contas de Pai Nosso, dirás as seguintes palavras:
Eterno Pai, eu Vos ofereço o Corpo e o Sangue, a Alma e a Divindade de Vosso diletíssimo Filho, Nosso Senhor Jesus Cristo, em expiação dos nossos pecados e dos do mundo inteiro.

3. Nas contas de Ave Maria rezarás as seguintes palavras:
Pela Sua dolorosa Paixão, tende misericórdia de nós e do mundo inteiro.

4. No fim, rezarás três vezes estas palavras:
Deus Santo, Deus Forte, Deus Imortal, tende piedade de nós e do mundo inteiro.

7. Salve Regina

Salvé, Rainha, mãe de misericórdia, vida, doçura, esperança nossa, salve! A Vós bradamos, os degredados filhos de Eva. A Vós suspiramos, gemendo e chorando neste vale de lágrimas. Eia, pois, advogada nossa, esses Vossos olhos misericordiosos a nós volvei. E, depois deste desterro, nos mostrai Jesus, bendito fruto do Vosso ventre. Ó clemente, ó piedosa,
ó doce Virgem Maria.

8. Angele Dei

Santo Anjo do Senhor, meu zeloso e guardador, se a ti me confiou a piedade divina, sempre me rege, me guarde governe, ilumine. Amen.

9. Gloria Patri

Glória ao Pai, ao Filho e, ao Espírito Santo, assim como era no princípio, agora e sempre. Amen.

10. Te Deum

Nós Vos louvamos, ó Deus,
  nós Vos bendizemos, Senhor.
  Toda a terra Vos adora,
  Pai eterno e omnipotente.
  Os Anjos, os Céus

e todas as Potestades,
os Querubins e os Serafins
Vos aclamam sem cessar:
Santo, Santo, Santo,
Senhor Deus do Universo,
o céu e a terra proclamam a vossa glória.
O coro glorioso dos Apóstolos,
a falange venerável dos Profetas,
o exército resplandecente dos Mártires
cantam os vossos louvores.
A santa Igreja anuncia por toda a terra
a glória do vosso nome:
Deus de infinita majestade,
Pai, Filho e Espírito Santo.
Senhor Jesus Cristo, Rei da glória,
Filho do Eterno Pai,
para salvar o homem, tomastes
a condição humana no seio da Virgem Maria.
Vós despedaçastes as cadeias da morte
e abristes as portas do céu.
Vós estais sentado à direita de Deus,
na glória do Pai,
e de novo haveis de vir para julgar
os vivos e os mortos.
Socorrei os vossos servos, Senhor,
que remistes com vosso Sangue precioso;
e recebei-os na luz da glória,
na assembleia dos vossos Santos.
Salvai o vosso povo, Senhor,
e abençoai a vossa herança;
sede o seu pastor e guia através dos tempos
e conduzi-o às fontes da vida eterna.
Nós Vos bendiremos todos os dias da nossa vida
e louvaremos para sempre o vosso nome.
Dignai-Vos, Senhor, neste dia, livrar-nos do pecado.
Tende piedade de nós,
Senhor, tende piedade de nós.
Desça sobre nós a vossa misericórdia,
Porque em Vós esperamos.
Em Vós espero, meu Deus,
não serei confundido eternamente.

Portuguese

11. Bendedictus

Bendito o Senhor Deus de Israel
que visitou e redimiu o seu povo,
e nos deu um Salvador poderoso
na casa de David, seu servo,
conforme prometeu pela boca
dos seus santos, os profetas dos tempos antigos,
para nos libertar dos nossos inimigos,
e das mãos daqueles que nos odeiam.
Para mostrar a sua misericórdia a favor dos nossos pais,
recordando a sua sagrada aliança,
e o juramento que fizera a Abraão,
nosso pai, que nos havia de conceder esta graça:
de O servirmos um dia, sem temor,
livres das mãos dos nossos inimigos,
em santidade e justiça, na sua presença,
todos os dias da nossa vida.
E tu, menino, serás chamado profeta
do Altíssimo, porque irás à sua frente
a preparar os seus caminhos,
para dar a conhecer ao seu povo a salvação
pela remissão dos seus pecados,
graças ao coração misericordioso
do nosso Deus, que das alturas nos visita
como sol nascente, para iluminar os que jazem nas trevas
e na sombra da morte e dirigir os nossos passos no caminho
da paz.
Glória ao Pai...

12. Magnificat

A minha alma glorifica ao Senhor
e o meu espírito se alegra em Deus, meu Salvador.
Porque pôs os olhos na humildade da sua serva:
de hoje em diante me chamarão bem-aventurada todas as
gerações.
O Todo-Poderoso fez em mim maravilhas:
Santo é o seu nome.
A sua misericórdia se estende de geração em geração
sobre aqueles que O temem.
Manifestou o poder do seu braço
e dispersou os soberbos.
Derrubou os poderosos de seus tronos

e exaltou os humildes.
Aos famintos encheu de bens
e aos ricos despediu de mãos vazias.
Acolheu Israel seu servo,
lembrado da sua misericórdia,
como tinha prometido a nossos pais,
a Abraão e à sua descendência
para sempre.
Glória ao Pai...

13. Angelus

O Anjo do Senhor anunciou a Maria
E Ela concebeu pelo Espírito Santo
Avé Maria...
Eis a escrava do Senhor.
Faça-se em mim,
segundo a Vossa palavra.
Avé Maria....
E o Verbo Divino encarnou.
E habitou entre nós.
Avé Maria.......
Rogai por nós, santa Mãe de Deus.
Para que sejamos dignos das promessas de Cristo
Oremos:
Infundi, Senhor, a vossa graça, em nossas almas,
para que nós, que, pela anunciação do Anjo,
conhecemos a encarnação de Cristo,
vosso Filho, pela sua paixão e morte na cruz,
sejamos conduzidos à glória da Ressurreição.
Pelo mesmo Cristo Senhor nosso. Ámen.
Glória ao Pai...(3).

14. Regina Coeli

Rainha dos céus, alegrai-vos. Aleluia!
Porque Aquele que merecestes trazer em vosso seio.
Aleluia!
Ressuscitou como disse. Aleluia!
Rogai por nós a Deus. Aleluia!
Alegrai-vos e exultai, ó Virgem Maria. Aleluia!
Porque o Senhor ressuscitou, verdadeiramente. Aleluia!
    Oremos.

Portuguese

Ó Deus, que enchestes o mundo de alegria com a ressurreição do Vosso Filho, nosso Senhor Jesus Cristo, concedei, nós vo-lo pedimos, que pela intercessão da Virgem Maria, Sua Mãe, alcancemos as alegrias da vida eterna. Por Cristo, Senhor nosso. Ámen

15. Sub tuum praesidium

À Vossa protecção, recorremos,
Santa Mãe de Deus;
não desprezeis as nossas súplicas
em nossas necessidades;
mas livrai-nos
de todos os perigos,
ó Virgem gloriosa e bendita.

16. Veni, Creátor Spíritus

Vem, ó Espírito Santo,
E da tua luz celeste
Soltando raios piedosos
Nossos ânimos reveste.

Pai carinhoso dos pobresDistribuidor da riqueza,
Vem, ó luz dos corações,
Amparar a natureza.
Vem, Consolador supremo,
Das almas hóspede amável,
Suavíssimo refrigério
Do mortal insaciável.
És no trabalho descanso,
Refresco na calma ardente;
És no pranto doce alívio
De um ânimo penitente.
Suave origem do bem,
Ó fonte da luz divina,
Enche nossos corações,
Nossas almas ilumina.
Sem o teu celeste influxo,
No mortal nada há perfeito;
A tudo quanto é nocivo
Está o homem sujeito.
Lava o que nele há de impuro,

Quanto há de árido humedece;
Sara-lhe quanto é moléstia,
Quanto na vida padece.
O que há de dureza abranda,
O que há de mais frio aquece;
Endireita o desvairado
Que o caminho desconhece.
Os sete dons com que alentas
Os que humildes te confessam,
Aos teus devotos concede
Sempre fiéis to mereçam.
Por virtudes merecidas,
Dá-lhes fim que leve aos Céus;
Dá-lhes eternas delícias
Que aos bons prometes, meu Deus. Amen.

17. Veni, Sancte Spíritus

Vinde, ó santo Espírito,
vinde Amor ardente,
acendei na terra vossa luz fulgente.
Vinde, Pai dos pobres:
na dor e aflições,
vinde encher de gozo
nossos corações.
Benfeitor supremo
em todo o momento,
habitando em nós
sois o nosso alento.
Descanso na luta
e na paz encanto,
no calor sois brisa,
conforto no pranto.
Luz de santidade,
que no Céu ardeis,
abrasai as almas
dos vossos fiéis,
Sem a vossa força
e favor clemente,
nada há no homem
que seja inocente.
Lavai nossas manchas,
a aridez regai,

Portoguese

sarai os enfermos
e a todos salvai.
Abrandai durezas
para os caminhantes,
animai os tristes,
guiai os errantes.
Vossos sete dons
concedei à alma
do que em Vós confia:
Virtude na vida,
amparo na morte,
no Céu alegria. Amen

18. Anima Christi

Alma de Cristo, santificai-me.
Corpo de Cristo, salvai-me.
Sangue de Cristo, inebriai-me.
Água do lado de Cristo, lavai-me.
Paixão de Cristo, confortai-me.
Ó bom Jesus, ouvi-me.
Dentro das Vossas chagas, escondei-me.
Não permitais que eu me separe de Vós.
Do inimigo maligno defendei-me.
Na hora da minha morte, chamai-me.
Mandai-me ir para Vós,
Para que Vos louve com os Vossos Santos
Pelos séculos dos séculos. Ámen.

19. Memorare

Lembrai-vos, ó puríssima Virgem Maria, que nunca se
ouviu dizer que algum daqueles que tenha ecorrido à
Vossa protecção, implorado a Vossa assistência e reclamado
o Vosso socorro, fosse por Vós desamparado. Animado
eu, pois, de igual confiança, a Vós, Virgem entre todas
singular, como a Mãe recorro, de Vós me valho, e, gemendo
sob o peso dos meus pecados, me prostro aos Vossos pés.
Não desprezeis as minhas súplicas, ó Mãe do Filho de
Deus humanado, mas dignai- os de as ouvir propícia e de
me alcançar o que Vos rogo. Ámen.

20. Rosarium B.V.M

Mistérios Gozosos (Segundas e Sábados)
1. A anunciação do Anjo à Virgem Maria.
2. A visita de Maria a Santa Isabel.
3. O nascimento de Jesus em Belém.
4. A apresentação de Jesus no Templo.
5. A perda e encontro de Jesus no Templo.

Mistérios da Luz (Quintas Feiras)
1. O baptismo de Jesus no Jordão.
2. A auto-revelação de Jesus nas bodas de Caná.
3. O anúncio do Reino e o convite à conversão.
4. A transfiguração de Jesus no Tabor.
5. A instituição da Eucaristia.

Mistérios Dolorosos (Terças e Sextas)
1. Agonia de Jesus no Horto das Oliveiras.
2. Flagelação de Jesus, preso à coluna.
3. Coroação de espinhos.
5. Jesus carrega a cruz a caminho do Calvário.
6. Jesus é crucificado e morre na cruz.

Mistérios Gloriosos (Quartas e Domingo)
1. A ressurreição de Jesus.
2. A ascensão de Jesus ao céu.
3. A descida do Espírito Santo.
4. A assunção da Santíssima Virgem ao céu.
5. A coroação de Nossa Senhora, como Rainha do céu e da terra.

Oração no fim do Santo Rosário Rogai por nós, santa Mãe de Deus.
Para que sejamos dignos das promessas de Cristo.
Oremos:
Ó Deus, que, pela vida, morte e ressurreição do Vosso Filho Unigénito, nos adquiristes o prémio da salvação eterna: concedei-nos, Vos pedimos, que venerando os mistérios do santíssimo Rosário da Virgem Maria, imitemos o que eles contêm e alcancemos o que eles prometem. Por Cristo Senhor nosso. Ámen.

Portuguese

21. Incensum

(*Tradição Copta*)

Ó Rei da paz, concedei-nos a Vossa paz e perdoai os nossos pecados. Afugentai os inimigos da Igreja e defendei-a, para que não pereça. O Emanuel, nosso Deus, está no meio de nós na glória do Pai e do Espírito Santo. Ele nos abençoe, purifique o nosso coração e cure as doenças da alma e do corpo. Nós Vos adoramos, ó Cristo, com o Vosso Pai misericordioso e o Espírito Santo, porque viestes até junto de nós e nos salvastes.

22. Oratio Post- Missam

(*Tradição Siro-Maronita*)

Permanece em paz, ó Altar de Deus. A oblação que de ti recebi me sirva para remissão das ofensas e perdão dos pecados, e me obtenha a graça de comparecer diante do tribunal de Cristo sem condenação e sem confusão. Não sei se me será concedido voltar e oferecer sobre ti um outro Sacrifício. Protegei-me, Senhor, e conservai a Vossa Igreja, como caminho de verdade e salvação. Ámen.

23. Pro Defunctis

(*Tradição bizantina*)

Ó Deus dos espíritos e de toda a carne, que vencestes a morte, aniquilastes o diabo e destes a vida ao mundo; Vós, ó Senhor, concedei à alma do Vosso servo N. defunto o descanso num lugar luminoso, num lugar verdejante, num lugar de frescura, onde não há sofrimento, dor e gemidos.

Porque sois um Deus bom e misericordioso, perdoai toda a culpa por ele cometida em palavras, obras ou pensamentos, uma vez que não há homem que não peque, que só Vós sois sem pecado, a Vossa justiça é justiça eterna e a Vossa palavra é a verdade.

Vós que sois a ressurreição, a vida e o repouso do Vosso servo N. defunto, ó Cristo nosso Deus, nós Vos damos glória, em comunhão com o Vosso Pai ingénito e com o Vosso santíssimo bom e vivificante Espírito, agora e sempre e pelos séculos dos séculos. Descanse em paz. Ámen.

24. Actus Fidei

Meu Deus, eu creio tudo o que Vós revelastes e a Santa Igreja nos ensina, porque não podeis enganar-Vos nem enganar-nos. E, expressamente, creio em Vós, único e verdadeiro Deus em três pessoas iguais e distintas: Pai, Filho e Espírito Santo; e creio em Jesus Cristo, Filho de Deus encarnado, morto e ressuscitado por nós, e que a cada um dará, segundo as suas obras, o prémio ou o castigo eterno. Nesta fé quero viver e morrer. Senhor, aumentai a minha fé. Ámen.

25. Actus Spei

Meu Deus, porque sois omnipotente, infinitamente misericordioso e fidelíssimo às Vossas promessas, eu espero da Vossa bondade que, em atenção aos méritos de Jesus Cristo, nosso Salvador, me dareis a vida eterna e as graças necessárias para a alcançar, como prometestes aos que praticassem as boas obras, que eu me proponho realizar ajudado com o auxílio da Vossa divina graça. Senhor, minha esperança, na qual quero viver e morrer: jamais serei confundido. Ámen.

26. Actus Caritatis

Meu Deus, porque sois infinitamente bom e digno de ser amado sobre todas as coisas, eu Vos amo de todo o meu coração, a exemplo de Jesus; e, por Vosso amor, amo também o meu próximo como a mim mesmo. Senhor, fazei que eu Vos ame cada vez mais. Ámen.

27. Actus Contritionis

Meu Deus, porque sois infinitamente bom e Vos amo de todo o meu coração, pesa-me de Vos ter ofendido e, com o auxílio da Vossa divina graça, proponho firmemente emendar-me e nunca mais Vos tornar a ofender. Peço e espero o perdão das minhas culpas pela Vossa infinita misericórdia. Ámen.

Portoguese

Orationes Fidei Christianae

1. Signum Crucis
Znak Krzyża

W imię Ojca i Syna, i Ducha Świętego. Amen.

2. Per Signum Crucis
Przez znak krzyża

Przez znak krzyża, †, od nieprzyjaciół, uwolnij nas, † Boże nasz. † W imię Ojca i Syna i Ducha Świętego. Amen.

3. Oratio Dominca
Modlitwa Pańska

Ojcze nasz, któryś jest w niebie, święć się imię Twoje, przyjdź królestwo Twoje, bądź wola Twoja, jako w niebie, tak i na ziemi. Chleba naszego powszedniego daj nam dzisiaj, i odpuść nam nasze winy, jako i my odpuszczamy naszym winowajcom. I nie wódź nas na pokuszenie, ale nas zbaw ode złego. Amen

4. Ave Maria
Zdrowaś Maryjo

Zdrowaś Maryjo, łaski pełna, Pan z Tobą. Błogosławionaś Ty między niewiastami i błogosławiony owoc żywota Twojego, Jezus. Święta Maryjo, Matko Boża, módl się za nami grzesznymi teraz i w godzinę śmierci naszej. Amen.

5. Symbolum Apostolorum
Wyznanie wiary (Skład Apostolski)

Wierzę w Boga Ojca Wszechmogącego, Stworzyciela nieba i ziemi, i w Jezusa Chrystusa, Syna Jego Jedynego, Pana naszego, który się począł z Ducha Świętego, narodził się z Maryi Panny, umęczon pod Ponckim Piłatem, ukrzyżowan, umarł i pogrzebion, zstąpił do piekieł, trzeciego dnia zmartwychwstał, wstąpił na niebiosa, siedzi po prawicy Boga Ojca Wszechmogącego, stamtąd przyjdzie sądzić żywych i umarłych. Wierzę w Ducha Świętego, święty Kościół powszechny, Świętych obcowanie, grzechów odpuszczenie, ciała zmartwychwstanie, żywot wieczny. Amen.

Polskie

Book of Prayers

6. Corona Divinae Misericordiae

Koronka do Miłosierdzia Bożego (do odmawiania na
paciorkach różańca)
Ojcze nasz, Zdrowaś Maryjo...
Wierzę w Boga...

na dużych paciorkach (1 raz):
**Ojcze Przedwieczny, ofiaruję Ci Ciało i Krew, Duszę
i Bóstwo najmilszego Syna Twojego a Pana naszego
Jezusa Chrystusa, na przebłaganie za grzechy nasze i
całego świata.**

na małych paciorkach (10 razy):
**Dla Jego bolesnej męki, miej miłosierdzie dla nas i
całego świata**

na zakończenie (3 razy):
**Święty Boże, Święty Mocny, Święty Nieśmiertelny,
zmiłuj się nad nami i nad całym światem.**

na zakończenie można też dodać:
O Krwi i Wodo, któraś wypłynęła z Najświętszego
Serca Jezusowego, jako zdrój miłosierdzia dla
nas, ufamy Tobie
Jezu ufam Tobie

7. Salve Regina
Witaj Królowo

Witaj Królowo, Matko miłosierdzia, życie, słodyczy i
nadziejo nasza, witaj. Do Ciebie wołamy, wygnańcy,
synowie Ewy. Do Ciebie wzdychamy, jęcząc i płacząc
na tym łez padole. Przeto, Orędowniczko nasza, one
miłosierne oczy Twoje na nas zwróć, a Jezusa,
błogosławiony owoc żywota Twojego, po tym wygnaniu
nam okaż. O łaskawa, o litościwa, o słodka Panno Maryjo!

8. Angele Dei
Aniele Boży

Aniele Boży, Stróżu mój, Ty zawsze przy mnie stój. Rano,
wieczór, we dnie, w nocy bądź mi zawsze ku pomocy.
Strzeż duszy, ciała mego i doprowadź mnie do żywota
wiecznego. Amen.

9. Gloria Patri
Chwała Ojcu

Chwała Ojcu i Synowi, i Duchowi Świętemu. Jak była na początku teraz i zawsze, i na wieki wieków. Amen.

10. Te Deum
Ciebie, Boże, chwalimy

Ciebie, Boże, chwalimy,
Ciebie, Panie, wysławiamy.
Tobie, Ojcu Przedwiecznemu,
wszystka ziemia cześć oddaje.
Tobie wszyscy Aniołowie,
Tobie niebiosa i wszystkie Moce:
Tobie Cherubini i Serafini
nieustannym głoszą pieniem:
Święty, Święty, Święty,
Pan Bóg Zastępów!
Pełne są niebiosa i ziemia
majestatu chwały Twojej.
Ciebie przesławny chór
Apostołów,
Ciebie Proroków poczet
chwalebny.
Ciebie wychwala
Męczenników zastęp świetlany.
Ciebie po wszystkiej ziemi
wysławia Kościół święty:
Ojca niezmierzonego majestatu,
godnego uwielbienia,
prawdziwego
i Jedynego Twojego Syna,
Świętego także Ducha
Pocieszyciela.
Tyś Królem chwały, o Chryste,
Tyś Ojca Synem Przedwiecznym.
Ty, dla zbawienia naszego biorąc
człowieczeństwo,
nie wahałeś się wstąpić w łono
Dziewicy.
Ty, skruszywszy żądło śmierci,
otworzyłeś wierzącym

Polskie

królestwo niebios.
Ty po prawicy Boga zasiadasz
w Ojcowskiej chwale.
Ty przyjdziesz jako sędzia:
tak wszyscy wierzymy.
Błagamy Cię przeto:
dopomóż swym sługom,
których najdroższą Krwią
odkupiłeś.
Policz ich między świętych
Twoich, w wiekuistej chwale.
Zachowaj lud swój, o Panie
i błogosław dziedzictwu swojemu.
I rządź nimi,
i wywyższaj ich aż na wieki.
Po wszystkie dni
błogosławimy Ciebie,
i wysławiamy imię Twe na wieki,
na wieki bez końca.
Racz, Panie,
w dniu dzisiejszym zachować
nas od grzechu.
Zmiłuj się nad nami, Panie,
zmiłuj się nad nami.
Niech miłosierdzie Twoje
Panie, okaże się nad nami,
jako my w Tobie ufność
pokładamy:
W Tobie, o Panie, złożyłem
nadzieję nie będę zawstydzon na
wieki.

CIEBIE, BOGA, WYSŁAWIAMY, * Tobie, Panu, wieczna chwała, * Ciebie, Ojca, niebios bramy, * Ciebie wielbi ziemia cała.

Tobie wszyscy Aniołowie * Tobie Moce i niebiosy, * Cheruby, Serafinowie, * ślą wieczystej pieśni głosy. Święty, Święty nad Świętymi * Bóg Zastępów, Król łaskawy, * pełne niebo z kręgiem ziemi * majestatu Twojej sławy.

Apostołów Tobie rzesza, * chór Proroków pełen chwały, * Tobie hołdy nieść pośpiesza * Męczenników orszak biały. Ciebie poprzez okrąg ziemi, * z głębi serca, ile zdoła, * głosy ludów zgodzonymi * wielbi święta pieśń Kościoła.

Niezmierzonej Ojca chwały, * Syna, Słowo wiekuiste, * z Duchem wszechświat wielbi cały: * Królem chwały Tyś, o Chryste!

Tyś Rodzica Syn z wiek wieka; * by świat zbawić swoim zgonem. * Przyoblókłszy się w człowieka, * nie wzgardziłeś Panny łonem. Tyś pokruszył śmierci wrota, * starł jej oścień w męki dobie, * i rajskiego kraj żywota * otworzyłeś wiernym sobie. Po prawicy siedzisz Boga, * w chwale Ojca, Syn Jedyny, * lecz gdy zagrzmi trąba sroga, * przyjdziesz sądzić ludzkie czyny.

Prosim, słudzy łask niegodni, * wspomóż, obmyj grzech, co plami, * gdyś odkupił nas od zbrodni * drogiej swojej Krwi strugami.

Że świętymi w blaskach mocy * wiecznej chwały zlej nam zdroje, * zbaw, o Panie, lud sierocy, * błogosław dziedzictwo swoje.

Rządź je, broń po wszystkie lata, * prowadź w niebios błogie bramy, * my w dzień każdy, Władco świata, * imię Twoje wysławiamy. Po wiek wieków nie ustanie * pieśń, co sławi Twoje czyny, * o, w dniu onym racz nas, Panie, * od wszelakiej ustrzec winy.

Zjaw swą litość w życiu całym * tym, co żebrzą Twej opieki, * w Tobie, Panie, zaufałem, * nie zawstydzę się na wieki!

11. Bendedictus
Kantyk Zachariasza

Błogosławiony Pan, Bóg Izraela,
bo lud swój nawiedził i wyzwolił.
I wzbudził dla nas moc zbawczą
w domu swego sługi Dawida.
Jak zapowiedział od dawna
przez usta swych świętych
proroków, Że nas wybawi
od naszych nieprzyjaciół
i z ręki wszystkich, którzy nas
nienawidzą;
Że naszym ojcom okaże
miłosierdzie i wspomni na swe święte przymierze,
Na przysięgę, którą złożył
ojcu naszemu Abrahamowi.
Da nam,

że z mocy nieprzyjaciół wyrwani,
służyć Mu będziemy bez trwogi,
W pobożności i sprawiedliwości
przed Nim po wszystkie dni nasze.
A ty, dziecię, zwać się będziesz
prorokiem Najwyższego,
gdyż pójdziesz przed Panem
przygotować Mu drogi.
Jego ludowi dasz poznać
zbawienie przez odpuszczenie grzechów.
Dzięki serdecznej litości naszego Boga,
z jaką nas nawiedzi z wysoka
Wschodzące Słońce,
By oświecić tych, co w mroku
i cieniu śmierci mieszkają,
aby nasze kroki skierować na drogę pokoju.
Chwała Ojcu i Synowi, i Duchowi Świętemu.
Jak była na początku, teraz i zawsze,
i na wieki wieków. Amen.

12. Magnificat
Kantyk Maryi

Wielbi dusza moja Pana
i raduje się duch mój,
w Bogu, Zbawicielu moim.
Bo wejrzał na uniżenie
swojej Służebnicy.
Oto bowiem odtąd błogosławić
mnie będą wszystkie pokolenia,
gdyż wielkie rzeczy uczynił mi
Wszechmocny,
a Jego imię jest święte.
Jego miłosierdzie z pokolenia
na pokolenie
nad tymi, którzy się Go boją.
Okazał moc swego ramienia,
rozproszył pyszniących się
zamysłami serc swoich.
Strącił władców z tronu,
a wywyższył pokornych.
Głodnych nasycił dobrami,
a bogatych z niczym odprawił.

Ujął się za swoim sługą, Izraelem,
pomny na swe miłosierdzie,
Jak obiecał naszym ojcom,
Abrahamowi i jego potomstwu
na wieki.
Chwała Ojcu i Synowi,
i Duchowi Świętemu.
Jak była na początku,
teraz i zawsze,
i na wieki wieków. Amen.

UWIELBIAJ, DUSZO MOJA, SŁAWĘ PANA MEGO,
* chwal Boga Stworzyciela tak bardzo dobrego. Bóg
mój, zbawienie moje, jedyna otucha, * Bóg mi rozkoszą
serca i weselem ducha. Bo mile przyjąć raczył swej sługi
pokorę, * łaskawym okiem wejrzał na Dawida Córę. Przeto
wszystkie narody, co ziemię osiędą, * odtąd błogosławioną
mnie nazywać będą. Bo wielkimi darami uczczonam od
Tego, * którego moc przedziwna, święte imię Jego. Którzy
się Pana boją, szczęśliwi na wieki, * bo z nimi miłosierdzie
z rodu w ród daleki. Na cały świat pokazał moc swych
ramion świętych, * rozproszył dumne myśli głów pychą
nadętych. Wyniosłych złożył z tronu, zniczczemnił
wielmożne, * wywyższył, uwielmożnił w pokorę zamożne.
Głodnych nasycił hojnie i w dobra spanoszył, * bogaczów
z torbą puścił i nędznie rozproszył. Przyjął do łaski sługę,
Izraela cnego, * wspomniał nań, użyczył mu miłosierdzia
swego. Wypełnił, co był przyrzekł niegdyś ojcom naszym:
* Abrahamowi z potomstwem jego, wiecznym czasem.
Wszyscy śpiewajmy Bogu w Trójcy Jedynemu, * Chwała
Ojcu, Synowi, Duchowi Świętemu. Jak była na początku,
tak zawsze niech będzie, * teraz i na wiek wieków niechaj
słynie wszędzie.

13. Angelus
Anioł Pański

K. Anioł Pański zwiastował Pannie Maryi.
W. I poczęła z Ducha Świętego
Zdrowaś Maryjo...
K. Oto ja służebnica Pańska,
W. Niech mi się stanie według słowa Twego.
Zdrowaś Maryjo...
A Słowo stało się ciałem

Book of Prayers

. I mieszkało między nami.
Zdrowaś Maryjo...
Módl się za nami, Święta Boża Rodzicielko.
Abyśmy się stali godnymi obietnic Chrystusowych.
Módlmy się:
Łaskę Twoją, prosimy Cię, Panie, racz wlać w serca nasze, abyśmy, którzy za zwiastowaniem anielskim wcielenie Chrystusa, Syna Twego, poznali, przez mękę Jego i krzyż do chwały zmartwychwstania byli doprowadzeni. Przez Chrystusa, Pana naszego. Amen.
Chwała Ojcu...

14. Regina Coeli
Królowo Nieba

(w okresie wielkanocnym)
Królowo Nieba wesel się, alleluja.
Bo Ten, któregoś zrodziła, alleluja,
Zmartwychwstał, jak powiedział, alleluja.
Módl się za nami do Boga, alleluja.
Raduj się i wesel, Panno Maryjo, alleluja,
Bo zmartwychwstał Pan prawdziwie, alleluja.
Módlmy się: Boże, któryś przez zmartwychwstanie Syna Twego, Pana naszego Jezusa Chrystusa, świat uweselić raczył, daj nam, prosimy, abyśmy przez Matkę Jego, Najświętszą Maryję Pannę, radości żywota wiecznego dostąpili. Przez tegoż Chrystusa, Pana naszego. Amen.

15. Sub tuum praesidium
Pod Twoją obronę

Pod Twoją obronę uciekamy się, Święta Boża Rodzicielko. Naszymi prośbami racz nie gardzić w potrzebach naszych, ale od wszelakich złych przygód racz nas zawsze wybawiać, Panno chwalebna i błogosławiona. Amen

16. Veni, Creátor Spíritus
O Stworzycielu Duchu, przyjdź

O Stworzycielu Duchu, przyjdź,
Nawiedź dusz wiernych Tobie krąg,
Niebieską łaskę zesłać racz
Sercom, co dziełem są Twych rąk.
Pocieszycielem jesteś zwan,

I Najwyższego Boga dar,
Tyś namaszczeniem naszych dusz,
Zdrój żywy, miłość, ognia żar.
Ty darzysz łaską siedemkroć,
Bo moc z prawicy Ojca masz,
Przez Ojca obiecany nam,
Mową wzbogacasz język nasz.
Światłem rozjaśnij naszą myśl,
W serca nam miłość świętą wlej,
I wątłą słabość naszych ciał,
Pokrzep stałością mocy swej.
Nieprzyjaciela odpędź w dal
I Twym pokojem obdarz wraz.
Niech w drodze za przewodem Twym,
Miniemy zło, co kusi nas.
Daj nam przez Ciebie Ojca znać,
Daj, by i Syn poznany był,
I Ciebie, jedno Tchnienie Dwóch,
Niech wyznajemy z wszystkich sił.
Niech Bogu Ojcu chwała brzmi,
Synowi, który zmartwychwstał,
I Temu, co pociesza nas,
Niech hołd wieczystych płynie chwal. Amen.

17. Veni, Sancte Spíritus
Przybądź, Duchu Święty

Przybądź, Duchu Święty,
Ześlij z nieba wzięty
Światła Twego strumień.
Przyjdź, Ojcze ubogich,
Dawco darów mnogich,
Przyjdź, Światłości sumień!
O najmilszy z Gości,
Słodka serc radości,
Słodkie orzeźwienie.
W pracy Tyś ochłodą,
W skwarze żywą wodą,
W płaczu utulenie.
Światłości najświętsza!
Serc wierzących wnętrza
Poddaj Twej potędze.
Bez Twojego tchnienia,

Cóż jest wśród stworzenia?
Jeno cierń i nędze!
Obmyj, co nieświęte,
Oschłym wlej zachętę,
Ulecz serca ranę!
Nagnij, co jest harde,
Rozgrzej serca twarde,
Prowadź zabłąkane.
Daj Twoim wierzącym,
W Tobie ufającym,
Siedmiorakie dary.
Daj zasługę męstwa,
Daj wieniec zwycięstwa,
Daj szczęście bez miary! Amen.

18. Anima Christi
Duszo Chrystusowa

Duszo Chrystusowa, uświęcaj mnie.
Ciało Chrystusowe, zbaw mnie.
Krwi Chrystusowa, napój mnie.
Wodo z boku Chrystusowego, obmyj mnie.
Męko Chrystusowa, umocnij mnie.
0 dobry Jezu, wysłuchaj mnie.
W ranach Twoich ukryj mnie.
Nie pozwól bym odpadł od Ciebie.
Od wroga złośliwego obroń mnie.
W godzinę śmierci mojej wezwij mnie.
I każ mi przyjść do siebie,
abym z świętymi Twymi chwalił Cię.
Na wieki wieków. Amen.

19. Memorare
Modlitwa św. Bernarda

Pomnij, o Najświętsza Panno Maryjo, że nigdy nie
słyszano, abyś opuściła tego, kto się do Ciebie ucieka, Twej
pomocy przyzywa, Ciebie o przyczynę prosi. Tą ufnością
ożywiony, do Ciebie, o Panno nad pannami i Matko biegnę,
do Ciebie przychodzę, przed Tobą jako grzesznik płaczący
staję. O Matko Słowa, racz nie gardzić słowami moimi, ale
usłysz je łas-kawie i wysłuchaj. Amen.

20. Rosarium B.V.M
Różaniec

Tajemnice radosne (w poniedziałki i soboty)
Zwiastowanie NMP
Nawiedzenie NMP
Narodzenie Pana Jezusa
Ofiarowanie w świątyni
Odnalezienie w świątyni

Tajemnice światła (w czwartki)
Chrzest Pana Jezusa w Jordanie.
Cud w Kanie Galilejskiej.
Głoszenie Królestwa Bożego
i nawoływanie do nawrócenia.
Przemienienie.
Ustanowienie Eucharystii.

Tajemnice bolesne (we wtorki i piątki)
Modlitwa Pana Jezusa w Ogrójcu.
Biczowanie.
Cierniem ukoronowanie.
Droga Krzyżowa.
Ukrzyżowanie i śmierć.

Tajemnice chwalebne (w środy i niedziele)
Zmartwychwstanie.
Wniebowstąpienie.
Zesłanie Ducha Świętego.
Wniebowzięcie NMP.
Ukoronowanie NMP na Królową nieba i ziemi.

modlitwa na zakończenie Różańca
K. Módl się za nami Święta Boża Rodzicielko.
W. Abyśmy się stali godnymi obietnic Chrystusowych
    Módlmy się.
    Boże, którego Jednorodzony Syn przez swoje
    życie, śmierć i zmartwychwstanie wysłużył nam
    wieczne zbawienie, spraw, abyśmy rozważając te
    tajemnice w Różańcu Najświętszej Maryi Panny,
    według nich kształtowali swoje życie i osiągnęli
    zawarte w nich obietnice. Przez Chrystusa, Pana
    naszego. Amen.

Polskie

21. Incensum
Modlitwa wstawiennicza

(Tradycja koptyjska)
Królu pokoju, daj nam swój pokój i odpuść nam nasze grzechy. Oddal nieprzyjaciół Kościoła i chroń go, aby nie ustawał. Emmanuelu, nasz Boże, jesteś pośrodku nas w chwale Ojca i Ducha Świętego. Pobłogosław, oczyść nasze serca i uzdrów choroby duszy i ciała. Adorujemy Cię, Chryste, z Twoim dobrym Ojcem i Duchem Świętym, ponieważ przybyłeś i zbawiłeś nas. Amen

22. Oratio Post- Missam
Modlitwa «Pożegnanie Ołtarza» przed opuszczeniem kościoła po liturgii

(Tradycja syro-maronicka)
Trwaj w pokoju Ołtarzu Pański. Niech ofiara, która się na tobie dokonała przez obmycie winy i odpuszczenie grzechów moich, pozwoli mi stanąć przed Chrystusowym Trybunałem i zachowa mnie od potępienia i wstydu. Nie wiem, czy będzie mi dane stanąć jeszcze przy tym Ołtarzu Ofiary. Ochraniaj mnie, Panie, i zachowaj Twój święty Kościół, w którym jest prawda i zbawienie. Amen.

23. Pro Defunctis
Wieczny odpoczynek

Wieczny odpoczynek racz im dać. Panie. A światłość wiekuista niechaj im świeci. Niech odpoczywają w pokoju wiecznym. Amen.

Modlitwa za zmarłych

(Tradycja bizantyjska)
Boże duszy i ciała, który pokonałeś śmierć, przezwyciężyłeś Szatana i przez to dałeś życie światu. Ty sam, o Panie, daj Twojemu zmarłemu N. odpoczynek w miejscu światła, życia i ochłody, gdzie cierpienie, ból i rozpacz nie mają mocy. O Boże, tak dobry i łaskawy, wybacz wszystkie winy popełnione przez niego myślą, mową lub uczynkiem. Nie ma człowieka, który by żył nie grzesząc, lecz Ty, nad którym grzech nie ma władzy, otaczasz człowieka sprawiedliwością wieczną, a słowa Twoje są prawdą.

Ponieważ Ty, Panie nasz Boże, jesteś zmartwychwstaniem i życiem Twojego sługi N., oddajemy Ci chwałę. Który żyjesz i królujesz z Bogiem Ojcem w jedności Ducha Świętego, Bóg przez wszystkie wieki wieków. Niech odpoczywa w pokoju wiecznym. Amen

24. Actus Fidei
Akt wiary

Panie Boże, niezachwianą wiarą wierzę i wyznaję wszystko razem i z osobna, co Święty Kościół Katolicki przedkłada do wierzenia, ponieważ Ty, Boże, to wszystko objawiłeś, Ty, który jesteś odwieczną prawdą i mądrością, która ani wprowadzić w błąd nie może, ani też sama zbłądzić. W tej wierze postanawiam żyć i umrzeć. Amen.

Wierzę w Ciebie, Boże żywy, w Trójcy jedyny, prawdziwy.
Wierzę coś objawił, Boże, Twe słowo mylić nie może.

25. Actus Spei
Akt nadziei

Panie Boże, ufam przez Twoją łaskę w odpuszczenie wszystkich grzechów, a po tym życiu ufam, że osiągnę wieczną szczęśliwość, ponieważ obietnicę złożyłeś Ty, który jesteś nieskończenie potężny, wierny, łaskawy i miłosierny. W tej nadziei postanawiam żyć i umrzeć. Amen.

Ufam Tobie, boś ty wierny, wszechmocny i miłosierny. Dasz mi grzechów odpuszczenie, łaskę i wieczne zbawienie.

26. Actus Caritatis
Akt miłości

Panie Boże, kocham Cię ponad wszystko, a mego bliźniego ze względu na Ciebie, ponieważ Ty jesteś najwyższym, nieskończonym i najdoskonalszym dobrem, godnym wszelkiej miłości. W tej miłości postanawiam żyć i umrzeć. Amen.

Boże, choć Cię nie pojmuję, jednak nad wszystko miłuję, nad wszystko, co jest stworzone, boś Ty dobro nieskończone.

Polskie

27. Actus Contritionis
Akt żalu

Boże mój, z całego serca żałuję za wszystkie moje grzechy i wyrzekam się ich, ponieważ grzesząc nie tylko zasłużyłem na kary sprawiedliwie przez Ciebie ustanowione, ale szczególnie dlatego żałuję, że obraziłem Ciebie, najwyższe dobro i jedynie godnego, aby być ponad wszystko kochanym. Dlatego z całą mocą przyrzekam, z pomocą łaski Twojej, już więcej nie grzeszyć i na przyszłość unikać bliskich okazji do grzechu. Amen.

Ach, żałuję za me złości jedynie dla Twej miłości. Bądź miłościw mnie grzesznemu, całym sercem skruszonemu.

Polskie

Orationes Fidei Christianae

1. Signum Crucis

Nel nome del Padre, del Figlio e dello Spirito Santo. Amen.

2. Per Signum Crucis

Per il segno della santa Croce † liberaci, †Signore, dai nostri nemici. † Nel nome del Padre, del Figlio e dello Spirito Santo. Amen.

3. Oratio Dominca

Padre nostro, che sei nei cieli, sia santificato il tuo nome, venga il tuo regno, sia fatta la tua volontà, come in cielo così in terra. Dacci oggi il nostro pane quotidiano, e rimetti a noi i nostri debiti come noi li rimettiamo ai nostri debitori, e non ci indurre in tentazione, ma liberaci dal male. Amen.

4. Ave Maria

Ave Maria, piena di grazia, il Signore è con te. Tu sei benedetta fra le donne e benedetto è il frutto del tuo seno, Gesú. Santa Maria, Madre di Dio, prega per noi peccatori, adesso e nell'ora della nostra morte. Amen.

5. Symbolum Apostolorum

Io credo in Dio Padre onnipotente, creatore del cielo e della terra; e in Gesù Cristo, suo unico Figlio, nosso Signore, il quale fu concepito di Spirito Santo, nacque da Maria Vergine, patì sotto Pontio Pilato, fu crocifisso, morí e fu sepolto; discese agli inferi; il terzo giorno risuscitò da morte; salì al cielo, siede alla destra di Dio Padre onnipotente; di là verrà a giudicare i vivi e i morti. Credo nello Spirito santo; la santa Chiesa cattolica; la comunione dei santi; la remissione dei peccati; la resurrezione della carne; la vita eterna. Amen.

Italiano

6. Corona Divinae Misericordiae

1. Si comincia con: Il Segno della Croce; poi si fanno 1 Padre Nostro, 1 Ave Maria, e il Credo degli Apostoli.

2. Sui grani del Padre Nostro si dice:
Eterno Padre, io Ti offro il Corpo e il Sangue, l'Anima e la Divinità del Tuo dilettissimo Figlio, Nostro Signore Gesù Cristo, in espiazione dei nostri peccati e di quelli del mondo intero.

3. Sui grani dell'Ave Maria si dice:
Per la Sua dolorosa Passione, abbi misericordia di noi e del mondo intero.

4. Alla fine si dice tre volte:
Santo Dio, Santo Forte, Santo Immortale, abbi pietà di noi e del mondo intero.

7. Salve Regina

Salve, Regina, madre di misericordia, vita, dolcezza e speranza nostra, salve. A te ricorriamo, esuli figli di Eva; a te sospiriamo, gementi e piangenti in questa valle di lacrime. Orsù dunque, avvocata nostra, rivolgi a noi gli occhi tuoi misericordiosi. E mostraci, dopo questo esilio, Gesù, il frutto benedetto del tuo Seno.
O clemente, o pia,
o dolce Vergine Maria!

8. Angele Dei

Angelo di Dio, che sei il mio custode, illumine, custodisci, reggi, governa me che ti fui affidato dalla Pietà Celeste.

9. Gloria Patri

Gloria al Padre, e al Figlio e allo Spirito Santo, come era nel principio ora e sempre per tutti i secoli dei secoli. Amen.

10. Te Deum

Noi ti lodiamo, Dio,
ti proclamiamo Signore.
O eterno Padre,
tutta la terra ti adora.
A te cantano gli angeli
e tutte le potenze dei cieli:
Santo, Santo, Santo

il Signore Dio dell'universo.
I cieli e la terra sono pieni
della tua gloria.
Ti acclama
il coro degli apostoli
e la candida schiera dei martiri;
le voci dei profeti si uniscono
nella tua lode;
la santa Chiesa proclama
la tua gloria,
adora il tuo unico Figlio,
e lo Spirito Santo Paraclito.
O Cristo, re della gloria,
eterno Figlio del Padre,
tu nascesti
dalla Vergine Madre
per la salvezza dell'uomo.
Vincitore della morte,
hai aperto
ai credenti
il regno dei cieli.
Tu siedi alla destra di Dio,
nella gloria del Padre.
Verrai a giudicare il mondo
alla fine dei tempi.
Soccorri i tuoi figli, Signore,
che hai redento
col tuo sangue prezioso.
Accoglici nella tua gloria
nell'assemblea dei santi.
Salva il tuo popolo, Signore,
guida e proteggi i tuoi figli.
Ogni giorno
ti benediciamo,
lodiamo il tuo nome
per sempre.
Degnati oggi, Signore,
di custodirci senza peccato.
Sia sempre con noi
la tua misericordia: in te abbiamo sperato.
Pietà di noi, Signore, pietà di noi.
Tu sei la nostra speranza,
non saremo confusi in eterno.

Italiano

Book of Prayers

11. Bendedictus

Benedetto il Signore, Dio d'Israele,
perché ha visitato e redento il suo popolo,
e ha suscitato per noi una salvezza potente
nella casa di Davide, suo servo,
come aveva promesso per bocca dei suoi santi profeti
d'un tempo: salvezza dai nostri nemici,
e dalle mani di quanti ei odiano.
Cosi egli ha concesso misericordia
ai nostri padri e si è ricordato
della sua santa alleanza,
del giuramento fatto ad Abramo,
nostro padre, di concederci,
liberati dalle mani dei nemici,
di servirlo senza timore,
in santità e giustizia al suo cospetto,
per tutti i nostri giorni.
E tu, bambino, sarai chiamato profeta dell'Altissimo
perché andrai innanzi al Signore a preparargli le strade,
per dare al suo popolo la conoscenza della salvezza
nella remissione dei suoi peccati,
grazie alla bontà misericordiosa del nostro Dio,
per cui verrà a visitarci dall'alto un sole che sorge,
per rischiarare quelli che stanno nelle tenebre e nell'ombra
della morte e dirigere i nostri passi sulla via della pace.
Gloria al Padre...

12. Magnificat

L'anima mia magnifica il Signore
e il mio spirito esulta in Dio,
mio salvatore,
perché ha guardato l'umiltà
della sua serva.
D'ora in poi tutte le generazioni
mi chiameranno beata.
Grandi cose ha fatto in me
l'Onnipotente e santo é il suo nome:
di generazione in generazione
la sua misericordia
si stende su quelli che lo temono.
Ha spiegato la potenza del suo braccio,
ha disperso i superbi nei pensieri

del loro cuore;
ha rovesciato i potenti dai troni,
ha innalzato gli umili;
ha ricolmato di beni gli affamati,
ha rimandato i ricchi a mani vuote.
Ha soccorso Israele, suo servo,
ricordandosi della sua
misericordia, come aveva promesso ai nostri padri,
ad Abramo e alla sua discendenza,
per sempre.
Gloria al Padre...

13. Angelus

L'Angelo del Signore
portò l'annunzio a Maria
 Ed ella concepì
per opera dello Spirito Santo.
Ave Maria...
Eccomi, sono la serva del Signore.
 Si compia in me
la tua parola.
Ave Maria...
E il Verbo si fece carne.
 E venne ad abitare in mezzo a noi.
Ave Maria...
Prega per noi, santa Madre di Dio.
Perché siamo resi degni
delle promesse di Cristo.
    Preghiamo.
    Infondi nel nostro spirito la tua grazia,
    o Padre; tu, che nell'annunzio dell'angelo
    ci hai rivelato l'incarnazione
    del tuo Figlio, per la sua passione e la sua croce
    guidaci alla gloria della risurrezione.
    Per Cristo nostro Signore.
    Amen.
Gloria al Padre...(3).

14. Regina Coeli

Regina dei cieli, rallegrati, alleluia.
Cristo, che hai portato nel grembo, alleluia,
è risorto, come aveva promesso, alleluia.

Italiano

Prega il Signore per noi, alleluia.
Rallegrati, Vergine Maria, alleluia.
Il Signore è veramente risorto, alleluia.

Preghiamo.

O Dio, che nella gloriosa risurrezione del tuo Figlio hai ridato la gioia al mondo intero, per intercessione di Maria Vergine, concedi a noi di godere la gioia della vita senza fine.
Per Cristo nostro Signore. Amen.

15. Sub tuum praesidium

Sotto la tua protezione
cerchiamo rifugio,
santa Madre di Dio:
non disprezzare le suppliche
di noi che siamo nella prova,
ma liberaci da ogni pericolo,
o Vergine gloriosa e benedetta.

16. Veni, Creátor Spíritus

Vieni, o Spirito creatore,
visita le nostre menti,
riempi della tua grazia
i cuori che hai creato.

O dolce consolatore,
dono del Padre altissimo,
acqua viva, fuoco, amore,
santo crisma dell'anima.

Dito della mano di Dio,
promesso dal Salvatore,
irradia i tuoi sette doni,
suscita in noi la parola.

Sii luce all'intelletto,
fiamma ardente nel cuore;
sana le nostre ferite
col balsamo del tuo amore.

Difendici dal nemico,
reca in dono la pace,
la tua guida invincibile
ci preservi dal male.

Luce d'eterna sapienza,
svelaci il grande mistero
di Dio Padre e del Figlio
uniti in un solo Amore. Amen.

17. Veni, Sancte Spíritus

Vieni, Santo Spirito,
manda a noi dal cielo
un raggio della tua luce.
Vieni, padre dei poveri,
vieni; datare dei doni,
vieni, luce dei cuori.
Consolatore perfetto,
ospite dolce dell'anima,
dolcissimo sollievo.
Nella fatica, riposo,
nella calura, riparo,
nel pianto, conforto.
O luce beatissima,
invadi nell'intimo
il cuore dei tuoi fedeli.
Senza la tua forza,
nulla è nell'uomo,
nulla senza colpa.
Lava ciò che è sordido,
bagna ciò che è arido,
sana ciò che sanguina.
Piega ciò che è rigido,
scalda ciò che è gelido,
raddrizza ciò ch'è sviato.
Dona ai tuoi fedeli
che solo in te confidano
i tuoi santi doni.
Dona virtù e premio,
dona morte santa,
dona gioia eterna. Amen.

18. Anima Christi

Anima di Cristo, santificami.
Corpo di Cristo, salvami.
Sangue di Cristo, inebriami.
Acqua del costato di Cristo, lavami.
Passione di Cristo, confortami.
O buon Gesù, esaudiscimi.
Dentro le tue ferite nascondimi.
Non permettere che io mi separi da te.
Dal nemico maligno difendimi.
Nell'ora della mia morte chiamami.
Comandami di venire a te,
perché con i tuoi Santi io ti lodi.
nei secoli dei secoli. Amen.

19. Memorare

Ricordati, o piissima Vergine Maria, non essersi mai udito al mondo che alcuno abbia ricorso al tuo patrocinio, implorato il tuo aiuto, chiesto la tua protezione e sia stato abbandonato. Animato da tale confidenza, a te ricorro, o Madre, Vergine delle Vergini, a te vengo e, peccatore contrito, innanzi a te mi prostro. Non volere, o Madre del Verbo, disprezzare le mie preghiere, ma ascoltami propizia ed esaudiscimi. Amen.

20. Rosarium B.V.M

Misteri della gioia (da recitare lunedì e sabato)
1. L'annuncio dell' Angelo a Maria.
2. La visita di Maria a Elisabetta.
3. La nascita di Gesù a Betlemme.
4. La presentazione di Gesù al Tempio.
5. Il ritrovamento di Gesù nel Tempio.

Misteri della luce (da recitare giovedì)
1. Il battesimo di Gesù al Giordano.
2. L'auto-rivelazione di Gesù alle nozze di Cana.
3. L'annuncio del Regno di Dio con l'invito alla conversione.
4. La trasfigurazione di Gesù sul Tabor.
5. L'istituzione dell'Eucaristia.

Misteri del dolore (da recitare martedì e venerdì)
1. Gesù nell'orto degli ulivi.
2. Gesù flagellato alla colonna.

3. Gesù è coronato di spine.
4. Gesù sale al Calvario.
5. Gesù muore in Croce.

Misteri della Gloria (da recitare mercoledì e domenica)
1. Gesù risorge da morte.
2. Gesù ascende al cielo.
3. La discesa dello Spirito Santo.
4. L'assunzione di Maria al cielo.
5.Maria, Regina del cielo e della terra.

Preghiera alla fine del S. Rosario
Prega per noi. santa Madre di Dio.
Affinché siamo fatti degni delle promesse di Cristo.
> *Preghiamo.*
> O Dio, il tuo unico Figlio ci ha acquistato con la sua vita, morte e risurrezione i beni della salvezza eterna: concedi a noi che, venerando questi misteri del santo Rosario della Vergine Maria, imitiamo ciò che contengono e otteniamo ciò che promettono. Per Cristo nostro Signore. Amen.

21. Incensum
(Tradizione Copta)

O Re della pace, dacci la tua pace e perdona i nostri peccati. Allontana i nemici della Chiesa e custodiscila, affinché non venga meno. L'Emmanuele nostro Dio è in mezzo a noi nella gloria del Padre e dello Spirito Santo. Ci benedica e purifichi il nostro cuore e risani le malattie dell'anima e del corpo. Ti adoriamo, o Cristo, con il tuo Padre buono e lo Spirito Santo, perché sei venuto e ci hai salvati.

22. Oratio Post- Missam
(Tradizione Siro-Maronita)

Sta in pace, o Altare di Dio. L'oblazione che ho preso da te, sia per la remissione dei debiti e il perdono dei peccati, e mi ottenga di stare davanti al tribunale di Cristo senza dannazione e senza confusione. Non so se mi sarà dato di ritornare e offrire sopra di te un altro Sacrificio. Proteggimi, Signore, e conserva la tua santa Chiesa, quale via di verità e di salvezza. Amen.

Italiano

Book of Prayers

23. Pro Defunctis
(Tradizione Bizantina)

Dio degli spiriti e di ogni carne, che calpestasti la morte e annientasti il diavolo e la vita al tuo mondo donasti; tu stesso o Signore, dona all'anima del tuo servo N. defunto il riposo in un luogo luminoso, in un luogo verdeggiante, in un luogo di freschezza, donde sono lontani sofferenza, dolore e gemito. Quale Dio buono e benigno perdona ogni colpa da lui commessa con parola, con opera o con la mente; poiché non v'è uomo che viva e non pecchi; giacché tu solo sei senza peccato, e la tua giustizia è giustizia nei secoli e la tua parola è verità. Poiché tu sei la risurrezione, la vita e il riposo del tuo servo N. defunto, o Cristo nostro Dio, noi ti rendiamo gloria, assieme al Padre tuo ingenito, con il santissimo buono e vivificante tuo Spirito, ora e sempre e nei secoli dei secoli. Riposino in pace. Amen.

24. Actus Fidei

Mio Dio, perché sei verità infallibile, credo tutto quello che tu hai rivelato e la Santa Chiesa ci propone a credere. Credo in te, unico vero Dio in tre persone uguali e distinte, Padre e Figlio e Spirito Santo. Credo in Gesù Cristo, Figlio di Dio incarnato, morto e risorto per noi, il quale darà a ciascuno, secondo i meriti, il premio o la pena eterna. Conforme a questa fede voglio sempre vivere. Signore, accresci la mia fede. Amen.

25. Actus Spei

 Mio Dio, spero dalla tua bontà, per le tue promesse e per i meriti di Gesù Cristo, nostro Salvatore, la vita eterna e le grazie necessarie per meritarla con le buone opere, che io debbo e voglio fare. Signore, che io possa goderti in eterno. Amen.

26. Actus Caritatis

Mio Dio, ti amo con tutto il cuore sopra ogni cosa, perché sei bene infinito e nostra eterna felicità; e per amar tuo amo il prossimo come me stesso e perdono le offese ricevute. Signore, che io ti ami sempre più. Amen.

27. Actus Contritionis

Mio Dio, mi pento e mi dolgo con tutto il cuore dei miei peccati, perché peccando ho meritato i tuoi castighi, e molto più perché ho offeso te, infinitamente buono e degno di essere amato sopra ogni cosa. Propongo con il tuo santo aiuto di non offenderti mai più e di fuggire le occasioni prossime di peccato. Signore, misericordia, perdonami.

Italiano

Orationes Fidei Christianae

1. Signum Crucis

In nomine Patris et Filii, et Spiritus Sancti. Amen.

2. Per Signum Crucis

Per signum crucis †ab inimicis nostris libera nos, † Deus Noster. † In nomine Patris et Filii, et Spiritus Sancti. Amen.

3. Oratio Dominca

Pater noster, qui es in caelis, sanctificetur nomen tuum, adveniat regnum tuum, fiat voluntas tua, sicut in caelo et in terra. Panem nostrum cotidianum da nobis hodie, et dimitte nobis debita nostra, sicut et nos dimittimus debitoribus nostris, et ne nos inducas in tentationem, sed libera nos a malo. Amen.

4. Ave Maria

Ave Maria, gratia plena, Dominus tecum, benedicta tu in mulieribus, et benedictus fructus ventris tui Iesus. Sancta Maria mater Dei, ora pro nobis peccatoribus, nunc, et in hora mortis nostrae. Amen.

5. Symbolum Apostolorum

Credo in Deum Patrem omnipotentem, Creatorem caeli et terrae. Et in Iesum Christum, Filium eius unicum, Dominum nostrum, qui conceptus est de Spiritu Sancto, natus ex Maria Virgine, passus sub Pontio Pilato, crucifixus, mortuus, et sepultus, descendit ad infernos, tertia die resurrexit a mortuis, ascendit ad caelos, sedet ad dexteram Dei Patris omnipotentis, inde venturus est iudicare vivos et mortuos. Credo in Spiritum Sanctum, sanctam Ecclesiam catholicam, sanctorum communionem, remissionem peccatorum, carnis resurrectionem et vitam aeternam. Amen.

Latine

6. Corona Divinae Misericordiae

Corona Divinae Misericordiae

1. Primum dicimus : Signum Crucis, Pater Noster, Ave Maria, et Symbolum Apostolorum.

2. Postea, cum granis magnis recitamus:
   Pater aeterne, offero tibi Corpus et Sanguinem, animam et divinitatem dilectissimi Filii Tui, Domini nostri, Iesu Christi, in propitiatione pro peccatis nostris et iis totius mundi.

3. Deinde, cum granis paulis recitamus:
   Propter dolorossisimam Eius passionem, miserere nostri totiusque mundi.

4. Denique magna cum fide ter dicimus:
   Sanctus Deus, Sanctus Fortis, Sanctus Immortalis, miserere nostri totiusque mundi.
   Hagios Ho Theos, Hagios ischyros, Hagios athanatos, eleison imas kai olon tonkosmon.
   Elohim hakadosh, Elohim hakol yakhol, rakhem aleinu, veal kol haolam.

7. Salve Regina

Salve, Regína, Mater misericórdiæ, vita, dulcédo et spes nostra, salve. Ad te clamámus, éxsules fílii Evæ. Ad te suspirámus geméntes et flentes in hac lacrimárum valle. Eia ergo, advocáta nostra, illos tuos misericórdes óculos ad nos convérte. Et Iesum benedíctum fructum ventris tui, nobis, post hoc exsílium, osténde.
O clemens, o pia,
o dulcis Virgo María!
Ora pro nobis Sancta Dei Genitrix
Ut digne efficiamur promissionibus Christ

8. Angele Dei

Angele Dei, qui custos es mei, me, tibi commíssum pietate superna, illumina, custodi, rege et guberna. Amen.

9. Gloria Patri

Gloria Patri, et Filio, et Spiritui Sancto, sicut erat in principio, et nunc et simper et in saecula saeculorum. Amen

10. Te Deum

Te Deum laudámus:
te Dóminum confitémur.
Te ætérnum Patrem,
omnis terra venerátur.
tibi omnes ángeli,
tibi cæli et univérsæ potestátes:
tibi chérubim et séraphim
incessábili voce proclámant:
Sanctus, Sanctus, Sanctus,
Dóminus Deus Sábaoth.
Pleni sunt cæli et terra
maiestátis glóriæ tuæ.
Te gloriósus apostolórum chorus,
te prophetárum laudábilis númerus,
te mártyrum candidátus laudat exércitus.
Te per orbem terrárum sancta confitétur Ecclésia,
Patrem imménsæ maiestátis;
venerándum tuum verum et únicum Fílium;
Sanctum quoque Paráclitum Spíritum.
Tu rex glóriæ, Christe.
Tu Patris sempitérnus es Fílius.
Tu, ad liberándum susceptúrus
hóminem, non horruísti Vírginis úterum.
Tu, devícto mortis acúleo,
aperuísti credéntibus regna cælórum.
Tu ad déxteram Dei sedes,
in glória Patris.
Iudex créderis esse ventúrus.
Te ergo quæsumus,
tuis fámulis súbveni,
quos pretióso sánguine redemísti.
Ætérna fac cum sanctis tuis
in glória numerári.
Salvum fac pópulum tuum, Dómine,
et bénedic hereditáti tuæ.
Et rege eos, et extólle illos
usque in ætérnum.
Per síngulos dies benedícimus te;
et laudámus nomen tuum
in sæculum, et in sæculum sæculi.
Dignáre, Dómine,

die isto sine peccáto nos custodíre.
Miserére nostri, Dómine, miserére nostri.
Fiat misericórdia tua,
Dómine, super nos,
quemádmodum sperávimus in te.
In te, Dómine, sperávi:
non confúndar in ætérnum.

11. Bendedictus

Benedíctus Dóminus, Deus Ísrael,
quia visitávit et fecit redemptiónem plebi suæ,
et eréxit cornu salútis nobis
in domo David púeri sui,
sicut locútus est per os sanctórum,
qui a sæculo sunt, prophetárum eius,
salútem ex inimícis nostris
et de manu ómnium, qui odérunt nos;
ad faciéndam misericórdiam
cum pátribus nostris
et memorári testaménti sui sancti,
iusiurándum, quod iurávit
ad Ábraham patrem nostrum,
datúrum se nobis, ut sine timóre,
de manu inimicórum liberáti,
serviámus illi in sanctitáte et iustítia coram ipso
ómnibus diébus nostris.
Et tu, puer, prophéta Altíssimi vocáberis:
præíbis enim ante fáciem Dómini
paráre vias eius, ad dandam sciéntiam salútis
plebi eius in remissiónem peccatórum eórum,
per víscera misericórdiæ Dei nostri,
in quibus visitábit nos óriens ex alto,
illumináre his, qui in ténebris
et in umbra mortis sedent,
ad dirigéndos pedes nostros
in viam pacis.
Glória Patri ...

12. Magnificat

Magníficat ánima mea Dóminum,
et exsultávit spíritus meus
in Deo salvatóre meo,
quia respéxit humilitátem
ancíllae suae.
Ecce enim ex hoc beátam me dicent
omnes generatiónes,
quia fecit mihi magna,
qui potens est,
et sanctum nomen eius,
et misericórdia eius in progénies
et progénies timéntibus eum.
Fecit poténtiam in bráchio suo,
dispérsit supérbos mente cordis sui;
depósuit poténtes de sede
et exaltávit húmiles,
esuriéntes implévit bonis
et dívites dimísit ináres.
Suscépit Ísrael púerum suum,
recordátus misericórdiae,
sicut locútus est ad patres nostros,
Abraham et sémini
eius in sǽcula
Glória Patri

13. Angelus

Ángelus Dómini nuntiávit Maríæ.
  Et concépit de Spíritu Sancto.
Ave, María...
Ecce ancílla Dómini.
  Fiat mihi secúndum verbum tuum.
Ave, María...
Et Verbum caro factum est.
  Et habitávit in nobis.
Ave, María...
Ora pro nobis, sancta Dei génetrix.
  Ut digni efficiámur promissiónibus Christi.
    Orémus.
    Grátiam tuam, quǽsumus, Dómine, méntibus
    nostris infúnde; ut qui, Ángelo nuntiánte,
    Christi Fílii tui incarnatiónem cognóvimus, per

Book of Prayers

passiónem eius et crucem, ad resurrectiónis glóriam perducámur. Per eúndem Christum Dóminum nostrum. Amen.

Glória Patri...(3)

14. Regina Coeli

Regína cæli lætáre, allelúia.
Quia quem meruísti portáre, allelúia.
Resurréxit, sicut dixit, allelúia.
Ora pro nobis Deum, allelúia.
Gaude et lætáre, Virgo María, allelúia.
Quia surréxit Dóminus vere, allelúia.

Orémus.

Deus, qui per resurrectiónem Fílii tui Dómini nostri Iesu Christi mundum lætificáre dignátus es, præsta, quæsumus, ut per eius Genetrícem Vírginem Maríam perpétuæ capiámus gáudia vitæ. Per Christum Dóminum nostrum. Amen.

15. Sub tuum praesidium

Sub tuum præsídium confúgimus,
sancta Dei Génetrix;
nostras deprecatiónes ne despícias
in necessitátibus;
sed a perículis cunctis
líbera nos semper,
Virgo gloriósa et benedícta.

16. Veni, Creátor Spíritus

Veni, Creátor Spíritus,
mentes tuórum vísita,
imple supérna grátia,
quæ tu creásti péctora.
Qui díceris Paráclitus,
altíssimi donum Dei,
fons vivus, ignis, cáritas,
et spiritális únctio.
Tu septifórmis múnere,
dígitus patérnae déxterae,
tu rite promíssum Patris,
sermóne ditans gúttura.
Accénde lumen sénsibus,

infúnde amórem córdibus,
infírma nostri córporis
virtúte firmans pérpeti.

Hostem repéllas lóngius
pacémque dones prótinus;
ductóre sic te praévio
vitémus omne nóxium.
Per Te sciámus da Patrem
noscámus atque Fílium,
teque utriúsque Spíritum
Credámus omni témpore.
Deo Patri sit glória,
et Fílio, qui a mórtuis surréxit,
ac Paráclito,
in sæculórum sæcula. Amen.

17. Veni, Sancte Spíritus

Veni, Sancte Spíritus,
et emítte cælitus
lucis tuæ rádium.
Veni, pater páuperum,
veni, dator múnerum,
veni, lumen córdium.
Consolátor óptime,
dulcis hospes ánimæ,
dulce refrigérium.
In labóre réquies,
in æstu tempéries,
in fletu solácium.
O lux beatíssima,
reple cordis íntima
tuórum fidélium.
Sine tuo númine,
nihil est in hómine
nihil est innóxium.
Lava quod est sórdidum,
riga quod est áridum,
sana quod est sáucium.
Flecte quod est rígidum,
fove quod est frígidum,
rege quod est dévium.

Book of Prayers

Da tuis fidélibus,
in te confidéntibus,
sacrum septenárium.
Da virtútis méritum,
da salútis éxitum,
da perénne gáudium. Amen.

18. Anima ChristiÁnima Christi, sanctífica me.

Corpus Christi, salva me.
Sanguis Christi, inébria me.
Aqua láteris Christi, lava me.
Pássio Christi, confórta me.
O bone Iesu, exáudi me.
Intra tua vúlnera abscónde me.
Ne permíttas me separári a te.
Ab hoste malígno defénde me.
In hora mortis meæ voca me.
Et iube me veníre ad te,
ut cum Sanctis tuis laudem te
in sæcula sæculórum. Amen.

19. Memorare

Memoráre, o piíssima Virgo María, non esse audítum a sæculo, quemquam ad tua curréntem præsídia, tua implorántem auxília, tua peténtem suffrágia, esse derelíctum. Ego tali animátus confidéntia, ad te, Virgo Vírginum, Mater, curro, ad te vénio, coram te gemens peccátor assísto. Noli, Mater Verbi, verba mea despícere; sed áudi propítia et exáudi. Amen.

20. Rosarium B.V.M

Mysteria gaudiosa (in feria secunda et sabbato)
1. Annuntiátio.
2. Visitátio.
3. Natívitas.
4. Præsentátio.
5. Invéntio in Templo.

Mysteria luminosa (in feria quinta)
1. Baptísma in Iordane Flumine.
2. Nuptiae in Canna Galilaeae.

3. Regni Dei proclamátio coniúncta cum invitaménto ad conversiónem.
4. Transfigurátio.
5. Eucharistiæ Institutio.

Mysteria dolorósa (in feria tertia et feria sexta)
1. Agonia in Hortu.
2. Flagellatio.
3. Coronatio Spinis.
4. Baiulatio Crucis.
5. Crucifíxio et Mors.

Mysteria gloriósa (in feria quarta et Dominica)
1. Resurréctio.
2. Ascénsio.
3. Descénsus Spíritus Sancti.
4. Assúmptio.
5. Coronátio in Cælo.

Oratio ad finem Rosarii dicenda

Ora pro nobis, sancta Dei génetrix.
Ut digni efficiámur promissiónibus Christi.

> *Orémus.*
> Deus, cuius Unigénitus per vitam, mortem et resurrectiónem suam nobis salútis ætérnæ præmia comparávit, concéde, quæsumus: ut hæc mystéria sacratíssimo beátæ Maríæ Vírginis Rosário recoléntes, et imitémur quod cóntinent, et quod promíttunt assequámur. Per Christum Dóminum nostrum. Amen.

21. Incensum

Incensum istud, a te benedictum ascendat ad te, Domine, et descendat super nos misericordia tua. Amen.

22. Oratio Post- Missam

Deus, qui tribus pueris mitigasti flammas ignium: concede propitius; ut nos famulos tuos non exurat flamma vitiorum. Actiones nostras quaesumus, Domine, aspirando praeveni et adiuvando prosequere: ut cuncta nostra oratio et operatio a te semper incipiat, et per te coepta finiatur.
Da nobis, quaesumus, Domine, vitiorum nostrorum flammas exstinguere: qui beato Laurentio tribuisti

Latine

Book of Prayers

tormentorum suorum incendia superare. Per Christum Dominum Nostrum. Amén.

23. Pro Defunctis

Oremus: Tibi, Domine, commendamus animam famuli tui N. (famulae tuae, N.) ut defunctus (a) saeculo tibi vivat: et quae per fragilitatem humanae conversationis peccata commisit tu venia misericordissime pietatis absterge. Per Christum Dominum nostrum. Amen.

V/. Requiem æternam dona eis, Domine.
R/. Et lux perpetua luceat eis.
V/. Requiescant in pace.
R/. Amen.
V/. Animæ eorum et animæ omnium fidelium defunctorum, per misericordiam Dei requiescant in pace.
R/. Amen.

24. Actus Fidei

Dómine Deus, firma fide credo et confíteor ómnia et síngula quæ sancta Ecclésia Cathólica propónit, quia tu, Deus, ea ómnia revelásti, qui es ætérna véritas et sapiéntia quæ nec fállere nec falli potest. In hac fide vívere et mori státuo. Amen.

25. Actus Spei

Dómine Deus, spero per grátiam tuam remissiónem ómnium peccatórum, et post hanc vitam ætérnam felicitátem me esse consecutúrum: quia tu promisísti, qui es infiníte potens, fidélis, benígnus, et miséricors. In hac spe vívere et mori státuo. Amen.

26. Actus Caritatis

Dómine Deus, amo te super ómnia et próximum meum propter te, quia tu es summum, infinítum, et perfectíssimum bonum, omni dilectióne dignum. In hac caritáte vívere et mori státuo. Amen.

27. Actus Contritionis

Deus meus, ex toto corde pænitet me ómnium meórum peccatórum, éaque detéstor, quia peccándo, non solum poenas a te iuste statútas proméritus sum, sed præsértim quia offéndi te, summum bonum, ac dignum qui super ómnia diligáris. Ideo fírmiter propóno, adiuvánte grátia tua, de cétero me non peccatúrum peccandíque occasiónes próximas fugitúrum. Amen.

28. Orationes Selectae in Lingua Latina

Ad laudem Dei

V. Domine, labia mea aperies.
R. Et os meum annuntiabit laudem tuam.
V. Deus, in adiutorium meum intende.
R. Domine, ad adiuvandum me festina.
V. Gloria Patri et Filio et Spiritui Sancto.
R. Sicut erat in principio, et nunc et semper, et in saecula saeculorum. Amen.
V. Aperi, Domine, os meum ad benedicendum nomen sanctum tuum; munda cor meum ab omnibus vanis, perversis et alienis cogitationibus; intellectum illumina, affectum inflamma, ut digne, attente ac devote hoc Officium recitare valeam, et exaudiri merear ante conspectum divinae maiestatis tuae. Per Christum Dominum Nostrum. Amen.

Trisagium Angelicum

In nómine Patris et Fílii et Spiritus Sancti. Amen.
Dómine, lábia mea apéries.
Et os meum annuntiábit láudem tuam.
Deus, in adiutórium meum inténde.
Dómine, ad adiuvándum me festína.
Glória Patri...
Sicut erat in princípio...
Sanctus Deus, Sanctus fortis, Sanctus immortális, miserére nobis.
Tibi laus, Tibi glória, Tibi gratiárum áctio in sǽcula sempitérna, o Beáta Trínitas!
Sanctus, Sanctus, Sanctus Dóminus Deus exercítuum.
Pleni sunt cæli et terra gloria tua.
Te Deum Patrem ingénitum, te Fílium unigénitum, te Spíritum Sanctum Paráclitum, sanctam et indivíduam Trinitátem, toto corde et ore confitémur, laudámus atque benedícimus: Tibi glória in sǽcula.
Benedicámus Patrem, et Fílium cum Sancto Spíritu.
Laudémus et superexaltémus eum in sǽcula.
Oremus:

Omnípotens sempitérne Deus, qui dedísti fámulis
tuis in confessióne veræ fídei, ætérne Trinitátis
glóriam agnóscere, et in poténtia maiestátis
adoráre Unitátem; quæsumus, ut eiúsdem fídei
firmitáte, ab ómnibus semper muniámur adversis.
Per Chrístum Dóminum nóstrum. Amen.

Líbera nos, salva nos, vivífica nos, o Beáta Trínitas

Symbolum Athanasianum

*Glória tibi, Trínitas æquális, una Déitas, et ante ómnia sǽcula,
et nunc, et in perpétuum.*

Quicúmque vult salvus esse, ante ómnia opus est, ut téneat
cathólicam fidem:

Quam nisi quisque integram inviolatamque servaverit,
absque dúbio in ætérnum períbit.

Fides autem cathólica hæc est: ut unum Deum in Trinitáte,
et Trinitátem in unitáte venerémur.

Neque confundéntes persónas, neque substántiam
separántes.

Alia est enim persóna Patris, ália Fílii, ália Spíritus Sancti.

Sed Patris, et Fílii, et Spíritus Sancti una est divínitas,
æquális glória, coætérna maiéstas.

Qualis Pater, talis Fílius, talis Spíritus Sanctus.

Increátus Pater, increátus Fílius, increátus Spíritus Sanctus.

Imménsus Pater, imménsus Fílius, imménsus Spíritus
Sanctus.

Ætérnus Pater, ætérnus Fílius, ætérnus Spíritus Sanctus.

Et tamen non tres ætérni, sed unus ætérnus.

Sicut non tres increáti, nec tres imménsi, sed unus increátus
et unus imménsus.

Simíliter omnípotens Pater, omnípotens Fílius, omnípotens
Spíritus Sanctus.

Et tamen non tres omnipoténtes, sed unus omnípotens.

Ita Deus Pater, Deus Fílius, Deus Spíritus Sanctus.

Et tamen non tres Dii, sed unus est Deus.

Ita Dóminus Pater, Dóminus Fílius, Dóminus Spíritus
Sanctus.

Et tamen non tres Dómini: sed unus est Dóminus.

Quia, sicut singillatim unamquamque persónam Deum ac
Dóminum confitéri christiána veritáte compéllimur: ita tres
Deos aut Dóminos dícere cathólica religióne prohibémur.

Pater a nullo est factus: nec creátus, nec génitus.

Fílius a Patre solo est: non factus, nec creátus, sed génitus.

Spíritus Sanctus a Patre et Fílio: non factus, nec creátus, nec génitus, sed procédens.

Unus ergo Pater, non tres Patres: unus Fílius, non tres Fílii: unus Spíritus Sanctus, non tres Spíritus Sancti.

Et in hac Trinitáte nihil prius aut postérius, nihil maius aut minus: sed totæ tres persónæ coætérnæ sibi sunt et coæquáles.

Ita ut per ómnia, sicut iam supra dictum est, et únitas in Trinitáte, et Trínitas in unitáte veneránda sit.

Qui vult ergo salvus esse, ita de Trinitáte séntiat.

Sed necessárium est ad Ætérnam salútem, ut Incarnatiónem quoque Dómini nostri Iesu Christi fidéliter credat.

Est ergo fides recta ut credámus et confiteámur quia Dóminus noster Iesus Christus, Dei Fílius, Deus et homo est.

Deus est ex substántia Patris ante sæcula génitus: et homo est ex substántia matris in sæculo natus.

Perféctus Deus, perféctus homo: ex ánima rationáli et humána carne subsístens.

Equális Patri secúndum divinitátem: minor Patre secúndum humanitátem.

Qui, licet Deus sit et homo, non duo tamen, sed unus est Christus.

Unus autem non conversióne divinitátis in carnem: sed assumptióne humanitátis in Deum.

Unus omníno, non confusióne substántiæ: sed unitáte persónæ.

Nam sicut ánima rationális et caro unus est homo: ita Deus et homo unus est Christus.

Qui passus est pro salúte nostra: descéndit ad ínferos: tértia die resurréxit a mórtuis.

Ascéndit ad cælos, sedet ad déxteram Dei Patris omnipoténtis: inde ventúrus est iudicáre vivos et mórtuos.

Ad cuius advéntum omnes hómines resúrgere habent cum corpóribus suis: et redditúri sunt de factis própriis ratiónem.

Et qui bona egérunt, ibunt in vitam ætérnam: qui vero mala, in ignem æternum.

Hæc est fides cathólica, quam nisi quisque fidéliter firmitérque credíderit, salvus esse non póterit.

Glória Patri, et Fílio, et Spirítui Sancto.

Sicut erat in princípio, et nunc, et semper, et in sæcula sæculórum. Amen.

Ant. *Glória tibi, Trínitas æquális, una Déitas, et ante ómnia sæcula, et nunc, et in perpétuum. Dómine, exáudi orationem meam.*

Et clamor meus ad te véniat.

Oremus:

Omnípotens sempitérne Deus, qui dedísti fámulis tuis, in confessióne veræ fídei, ætérnæ Trinitátis glóriam agnóscere, et in poténtia maiestátis adoráre unitátem: quæsumus; ut, eiúsdem fídei firmitáte, ab ómnibus semper muniámur advérsis. Per Dóminum nóstrum Iesum Chrístum Fílium tuum: qui tecum vivit et regnat in unitáte Spíritus Sancti Deus, per ómnia sæcula sæculórum. Amen.

Formula peragendi Viam Crucis

1. Signum Crucis et Actus Contritionis
2. Oratio Preparatoria:

> *Suscipe, Sancta Trinitas, hoc servitutis meae obsequium, quod ad divinae Maiestatis tuae gloriam, et recognitionem redemptionis nostrae, pro satisfactione peccatorum meorum ad impetrandam defunctorum requiem, vivisque gratiam, in unione meritorum Domini nostri Iesu Christi, Beatae Virginis Mariae et omnium Sanctorum. Tibi laus, honor, et gloria, o beata Trinitas, in sempiterna saecula. Amen.*

3. Ante singulam stationem:

> V. *Adoremus te Christe et benedicimus tibi*
> R. *Quia per sanctam crucem tuam redemisti mundum*

4. Stationes

    Statio I, Iesus condemnatur ad mortem
    Statio II, Iesus oneratur ligno crucis
    Statio III, Iesus procumbit primum sub onere crucis
    Statio IV, Iesus fit perdolenti Matri obvius
    Statio V, Iesus in baiulanda cruce a Cyrenaeo adiuvatur
    Statio VI, Iesus Veronicae sudario abstergitur
    Statio VII, Iesus procumbit iterum sub onere crucis
    Statio VIII, Iesus plorantes mulieres alloquitur
    Statio IX, Iesus procumbit tertium sub onere crucis
    Statio X, Iesus vestibus spoliatur
    Statio XI, Iesus clavis affigitur cruci
    Statio XII, Iesus moritur in cruce

Statio XIII, Iesus deponitur de cruce
Statio XIV, Iesus sepulcro conditur
Statio XV, Iesus resurrexit tertia die

5. Post singulam stationem

Pater noster

Per crucem et passionem tuam, o Iesu, propitius esto mihi peccatori.

6. Commendatio

Respice, quaesumus Domine, super hanc familiam tuam, pro qua Dominus noster Iesus Christus non dubitavit manibus tradi nocentium et Crucis subire tormentum. Qui tecum vivit et regnat in unitate Spiritus Sancti, Deus, per omnia saecula saeculorum. Amen.

Litaniae de Sanctissimi Nominis Iesu

Kyrie, eléison,
Christe, eléison.
Kyrie, eléison.
Jesu, audi nos.
Jesu, exáudi nos.
Pater de caelis, Deus, *miserére nobis.*
Fili, Redémptor mundi, Deus,
Sancta Trinitas, unus Deus,
Jesu, Fili Dei vivi,
Jesu, splendor Patris,
Jesu, candor lucis aetérnae,
Jesu, rex glóriae,
Jesu, sol justitiae,
Jesu, Fili Mariae Virginis,
Jesu amábilis,
Jesu, Deus fortis,
Jesu, pater futúri sáeculi,
Jesu, magni consilii Angele,
Jesu potentissime,
Jesu patientissime,
Jesu obedientissime,
Jesu, mitis et húmilis corde,
Jesu, amátor castitátis,
Jesu, amátor noster,
Jesu, Deus pacis,
Jesu, auctor vitae,
Jesu, exémplar virtútum,

Jesu, zelátor animárum
Jesu, Deus noster,
Jesu, refúgium nostrum,
Jesu, pater páuperum,
Jesu, thesáure fidélium,
Jesu, bone pastor,
Jesu, lux vera,
Jesu, sapiéntia aetérna,
Jesu, bónitas infinita,
Jesu, via et vita nostra,
Jesu, gáudium Angelórum,
Jesu, rex Patriarchárum,
Jesu, magister Apostolórum,
Jesu, doctor Evangelistárum,
Jesu, fortitúdo Mártyrum,
Jesu, lumen Confessórum,
Jesu, púritas Virginum,
Jesu, coróna Sanctórum ómnium, miserére nobis,
Propitius esto, parce nobis, Jesu.
Propitius esto, exaudi nos, Jesu.
Ab omni malo, *libera nos, Jesu.*
Ab omni peccáto,
Ab ira tua,
Ab insidiis diáboli,
A spiritu fornicationis,
A morte perpétua,
A negléctu inspiratiónum tuárum,
Per mystérium sanctae incarnationis tuae,
Per nativitátem tuam,
Per infántiam tuam,
Par divinissiman vitam tuam,
per labóres tuos,
Per agoniam et passiónem tuam,
Per crucem et derelictiónem tuam,
Per languóres tuos,
Per mortem et sepultúram tuam,
Per resurrectiónem tuam,
Per ascensiónem tuam,
Per sanctissimae Eucharistiae institutiónem tuam,
Per gáudia tua,
Per glóriam tuam,
Agnus Dei, qui tollis peccata mundi, parce nobis, Jesu.
Agnus Dei, qui tollis peccata mundi, exáudi nos, Jesu.

Angus Dei, qui tollis peccata mundi, miserére nobis, Jesu.
Jesu, audi nos.
Jesu, exáudi nos.

Orémus.

Dómine Jesu Christi, qui dixisti: Pétite, et accipiétis; quáerite, et inveniétis, pulsáte, et aperiétur vobis; quaésumus, da nobis peténtibus divinissimi tui amóris afféctum, ut te toto corde, ore et ópere diligámus, et a tua numquam laude cessémus. Sancti Nóminis tui, Dómine, timórem páriter et amórem fac nos habére perpétuum: quia numquam tua gubernatióne destituis, quos in soliditáte tuae dilectiónis instituis: Qui vivis et regnas in sáecula saeculórum. Amen.

Litaniae Pretiossisimi Sanguinis Domini Nostri Iesu Christi

Kyrie, eléison,
Christe, eléison.
Kyrie, eléison.
Christe, audi nos.
Christe, exáudi nos.
Pater de caelis, Deus, *miserére nobis.*
Fili, Redémptor mundi, Deus,
Spiritus Sancte, Deus,
Sancta Trinitas, unus Deus,
Sanguis Christi, Unigéniti Patris Aetérni, *salva nos.*
Sanguis Christi, Verbi Dei incarnáti,
Sanguis Christi, Novi et Aetérni Testaménti,
Sanguis Christi, in agonia decúrrens in terram,
Sanguis Christi, in flagellatióne prófluens,
Sanguis Christi, in coronatióne spinárum emánans,
Sanguis Christi, in Cruce effúsus,
Sanguis Christi, prétium nostrae salútis,
Sanguis Christi, sine quo non fit remissio,
Sanguis Christi, in Eucharistia potus et lavácrum animárum,
Sanguis Christi, flumen misericórdiae,
Sanguis Christi, victor dáemonum,
Sanguis Christi, fortitúdo mártyrum,
Sanguis Christi, virtus confessórum,
Sanguis Christi, gérminans virgines,
Sanguis Christi, robur periclitántium,

Latine

Sanguis Christi, levámen laborántium,
Sanguis Christi, in fletu solátium,
Sanguis Christi, spes paeniténtium,
Sanguis Christi, solámen moriéntium,
Sanguis Christi, pax et dulcédo córdium,
Sanguis Christi, signus vitae aetérnae,
Sanguis Christi, ánimas liberans de lacu Purgatórii,
Sanguis Christi, omni glória et honóre dignissimus,
Agnus Dei, qui tollis peccáta mundi, parce nobis, Dómini.
Agnus Dei, qui tollis peccáta mundi, exáudi nos, Dómine.
Agnus Dei, qui tollis peccáta mundi, miserére nobis.
V. Redemisti nos, Dómini, in sánguine tuo.
R. Et fecisti nos Deo nostro regnum.

Orémus.

Omnipotens sempitérne Deus, qui unigénitum Filium tuum mundi Redemptórem constituisti, ac ejus sánguine placári voluisti: concéde, quáesumus, salútis nostrae prétium ita venerári, atque a praeséntis vitae malis ejus virtúte deféndi in terris; ut fructu perpétuo laetémur in caelis. Per eúmdem Christum Dóminum nostrum. Amen.

Litaniae de Sacratissimo Corde Iesu

Kyrie, eléison,
Christe, eléison.
Kyrie, eléison.
Christe, audi nos.
Christe, exáudi nos.
Pater de caelis, Deus, *miserére nobis.*
Fili, Redémptor mundi, Deus,
Spiritus Sancte, Deus,
Sancta Trinitas, unus Deus,
Cor Jesu, Filii Patris aetérni,
Cor Jesu, in sinu Virginis Matris a Spiritu Sancto formátum,
Cor Jesu, Verbo Dei substantiáliter unitum, *miserére nobis.*
Cor Jesu, majestátis infinitae,
Cor Jesu, templum Dei sanctum,
Cor Jesu, tabernáculum Altissimi,
Cor Jesu, domus Dei et porta caeli,

Cor Jesu, fornax ardens caritátis,
Cor Jesu, justitiae et amóris receptáculum,
Cor Jesu, bonitáte et amóre plenum,
Cor Jesu, virtútum órnium abyssus,
Cor Jesu, omni laude dignissimum,
Cor Jesu, rex et centrum ómnium córdium,
Cor Jesu, in quo sunt omnes thesáuri sapiántiae et
   sciéntiae,
Cor Jesu, in quo hábitat omnis plenitúdo divinitátis,
Cor Jesu, in quo Pater sibi bene complácuit,
Cor Jesu, de cujus plenitúdine omnes nos accépimus,
Cor Jesu, desidérium cóllium aeternórum,
Cor Jesu, pátiens et multae misericórdiae,
Cor Jesu, dives in omnes qui invocant te,
Cor Jesu, fons vitae et sanctitótis,
Cor Jesu, propitiátio pro peccátis nostris,
Cor Jesu, saturótum oppróbriis,
Cor Jesu, attritum propter scélera nostra,
Cor Jesu, usque ad mortem obédiens factum,
Cor Jesu, láncea perforátum,
Cor Jesu, fons tortius consolatiónis,
Cor Jesu, vita et resurréctio nostra,
Cor Jesu, pax et reconciliátio nostra,
Cor Jesu, victima pecctórum,
Cor Jesu, salus in te sperántium,
Cor Jesu, spes in te moriéntium,
Cor Jesu, deliciae Sanctórum ómnium,
Agnus Dei, qui tollis pecccáta mundi, parce nobis,
   Dómine.
Agnus Dei, qui tollis pecccáta mundi, exáudi nos,
   Dómine.
Agnus Dei, qui tollis pecccáta mundi, miserére nobis.
V. Jesu, mitis et húmilis corde.
R. Fac cor nostrum secúndum Cor tuum.
   Orémus.
   Omnipotens sempitérne Deus, réspice in Cor
   dilectissimi Filii tui et in laudes et satisfactiónes,
   quas in nómine peccatórum tibi persólvit, iisque
   misericórdiam tuam peténtibus, tu véniam
   concéde placátus in nómine ejúsdem Filii tui
   Jesu Christi: Qui tecum vivit et regnat in saecula
   saeculórum. Amen.

Latine

Book of Prayers

Litaniae Lauretanae

Kyrie, eléison.
Christe, eléison.
Kyrie, eléison.
Christe, audi nos.
Christe, axáudi nos.
Pater de caelis, Deus, *miserére nobis.*
Fili, Redémptor mundi, Deus,
Spiritus Sancte, Deus,
Sancta Trinitas, unus Deus,
Sancta Maria, *ora pro nobis.*
Sancta Dei Génitrix,
Sancta Virgo virginum,
Mater Christi,
Mater divinae grátiae,
Mater purissima,
Mater castissima,
Mater invioláta,
Mater intermeráta,
Mater amábilis,
Mater admirábilis,
Mater boni consilii,
Mater Creatóris,
Mater Salvatóris,
Virgo prudentissima,
Virgo veneránda,
Virgo praedicánda,
Virgo potens,
Virgo clemens,
Virgo fidélis,
Spéculum justitiae,
Sedes sapiéntiae
Causa nostrae laetitiae,
Vas spirituále,
Vas honorábile,
Vas insigne devotiónis,
Rosa mystica,
Turris Davidica,
Turris ebúrnea,
Domus áurea,
Fóederis arca,
Jánua ceali,

Stella matutina,
Salus infirmórum,
Refúgium peccatórum
Consolátrix afflictórum,
Auxilium Christianórum,
Regina Angelórum,
Regina Patriarchárum,
Regina Prophetárum.
Regina Apostolórum,
Regina Mártyrum,
Regina Confessórum,
Regina Virginum,
Regina Sanctórum omnium,
Regina sine labe origináli concépta,
Regina in caelum assúmpta,
Regina sacratissimi Rosárii,
Regina Familiarum,
Regina pacis,
Agnus Dei, qui tollis peccáta mundi, parce nobis,
   Dómine,
Agnus Dei, qui tollis peccáta mundi, exáudi nos,
   Dómine.
Agnus Dei, qui tollis peccáta mundi, miserére nobis.
V. Ora pro nobis, sancta Dei Génitrix.
R. Ut digni efficiámur promissiónibus Christi.
   Orémus.
   Concéde nos famulos tuos, quáesumus, Dómine
   Deus, perpétua mentis et córporis sanitáte
   gaudére: et gloriósa beátae Mariae semper
   Virginis intercessióne, a praesénti liberári
   tristitia, et aetérna pérfrui laetitia. Per Christium
   Dóminum nostrum. Amen.

Litaniae Sancti Ioseph

Kyrie, éléison.
Christe, eléison.
Kyrie, éléison.
Christe, audi nos.
Christe, exáudi nos.
Pater de caelis, Deus, miserére nobis.
Fili, Redémptor mundi Deus, miserére nobis.
Spiritus Sancte, Deux, miserére nobis.
Sancta Trinita, unus Deus, miserére nobis.

Latine

Sancta Maria, *ora pro nobis.*
Sancte Joseph,
Proles David inclyta,
Lumen Patriarchárum,
Dei Genitricis sponse,
Cuscos pudice Virginis,
Filii Dei nutricie,
Christi defénsor sédule,
Almae Familiae praeses,
Joseph justissime,
Joseph castissime,
Joseph prudentissime,
Joseph fortissime,
Joseph obedientissime,
joseph fidelissime,
Spéculum patiéntiae,
Amátor paupertátis.
Exémplar opificum,
Dométicae vitae decus,
Custos virginum,
Familiárum cólumen,
Solátium miserórum,
Spes aegrotántium,
Patróne moriéntium,
Terror dáemonum,
Protéctor sanctae Ecclésiae,
Agnus Dei, qui tollis peccáta mundi, parce nobis,
   Dómine.
Agnus Dei, qui tollis peccáta mundi, exáudi nos,
   Dómine.
Agnus Dei, qui tollis peccáta mundi, miserére nobis.
V. *Constituit eum dóminum domus suae.*
R. Et principem omnis possessiónis suae.
   Orémus.
   Deus, qui ineffábbili providéntia beátum Joseph,
   sanctissimae Genitricis tuae sponsum eligere
   dignátus es; praesta, quásumus; ut, quem
   protectórem venerámur in terris, intercessórem
   habére mereámus in caelis: Qui vivis et regnas in
   sáecula saeculórum.
R. Amen.

Litaniae Sanctorum

Kyrie, eléison.
Christe, eléison.
Kyrie, eléison.
Christe, audi nos.
Christe, axáudi nos.
Pater de caelis, Deus, *miserére nobis.*
Fili, Redémptor mundi, Deus, miserére nobis.
Spiritus Sancte, Deus, miserére nobis.
Sancta Trinitas, unus Deus, miserére nobis.
Sancta Maria, *ora pro nobis.*
Sancta Dei Génitrix,
Sancta Virgo virginum,
Sancte Michaël,
Sancte Gábriel,
Sancte Ráphaël,
Omnes sancti Angeli et Archángeli, *oráte pro nobis.*
Omnes sancti beatórum Spirituum órdines,
Sancte Joánnes Baptista, *ora pro nobis*
Sante Joseph,
Omnes sancti Patriárchae, et Prophétae,
Sancte Petre,
Sancte Paule,
Sancte Andréa,
Sancte Jacóbe,
Sancte Joánnes,
Sancte Thoma,
Sancte Jacóbe,
Sancte Philippe,
Sancte Bartholomáee,
Sancte Mattháee,
Sancte Simon,
Sancte Thaddáee,
Sancte Matthia,
Sancte Bárnaba,
Sancte Luca,
Sancte Marce,
Omnes sancti Apóstoli et Evangelistae,
Omnes sancti Discipuli Dómini,
Omnes sancti Innocéntes,
Sancte Stéphane,
Sanctge Laurénti,

Sancte Vincénti,
Sancti Fabiáne et Sebastiáne,
Sancti Joánnes et Paule,
Sancti Cosma et Damiáne,
Sancti Gervási et Protási,
Omnes sancti Mártyres,
Sancte Silvéster,
Sancte Gregóri,
Sancte Ambrósi,
Sancte Augustine,
Sancte Hierónyme,
Sancte Martine,
Sancte Nicoláe,
Omnes sancti Pontifices et Confessóres,
Omnes sancti Doctóres,
Sancte Antóni,
Sancte Benedicte,
Sancte Bernárde,
Sancte Dominice,
Sancte Francisce,
Omnes sancti Sacerdótes et Levitae,
Omnes sancti Mónachi et Eremitae,
Sancte Maria Magdaléna,
Sancta Agatha,
Sancta Lúcia,
Sancta Agnes,
Sancta Caecilia,
Sancta Catharina,
Sancta Anastásia,
Omnes sanctae Virgines et Viduae,
Omnes Sancti et Sanctae Dei, intercédite pro nobis.
Propitius esto, parce nobis, Dómini.
Propitius esto, exáudi nos, Dómini.
Ab omni malo, *libera nos, Dómine.*
Ab omni peccáto,
Ab ira tua,
A subitánea et improvisa morte,
Ab insidiis diáboli,
Ab ira, et ódio, et omni mala voluntáte,
A spiritu fornicatiónis,
A fúlgure et tempestáte,
A flagéllo terraemótus,
A peste, fame et bello,

A morte perpétua,
Per mystérium sanctae incarnatiónis tuae,
Per advéntuum tuum,
Per nativitátem tuam,
Per baptismum, et sanctum jejúnium tuum,
Per crucem et passiónem tuam,
Per mortem et sepultúram tuam,
Per sanctam, resurrectónem tuam,
Per admirábilem ascensiónem tuam,
per advéntum Spiritus Sancti Parácliti,
In die judicii,
Peccatóres, *te rogámus, audi nos.*
Ut nobis parcas,
Ut nobis indúlgeas,
Ut ad veram paeniténtiam nos perdúcere dignéris,
Ut Ecclésiam tuam sanctam + régere et conserváre
   dignéris,
Ut domnum Apostólicum et omnes ecclesiasticos
   órdines in sancta religióne conserváre dignáris,
Ut inimicos sanctae Ecclésiae + humiliáre dignéris,
Ut régibus et principibus christiánis
      pacem, et veram concórdiam donáre dignéris,
Ut cuncto pópulo christiáno + pacem et unitátem largiri
   dignéris,
Ut omnes errántes ad unitátem Ecclésiae revocáre,
      et infidéles univérsos ad Evangélii lumen perdúcere
   dignéris.
Ut nosmetipsos in tuo sancto servitio
      confortáre, et conserváre dignéris,
Ut mentes nostras ad caeléstia desidéria érigas,
Ut ómnibus benefactóribus nostris + sempitérna bona
   retribuas,
Ut ánimas nostras, fratrum, propinquórum et
   benefactórum
      ab aetérna damnatióne eripias,
Ut fructus terrae dare et conserváre dignéris,
Ut, ómnibus fidélibus defúnctis réquiem aetérnam
   donáre dignéris,
Ut nos exaudire dignéris
Fili Dei,
Agnus Dei, qui tollis peccáta mundi, parce nobis,
   Dómine.
Agnus Dei, qui tollis peccáta mundi, Dómine,

Agnus Dei, qui tollis peccáta mundi, exáudi nos,
  Dómine,
Christe, audi nos.
Christe, exáudi nos.
Kyrie, eléison.
Christie, eléison.
Kyrie, eléison.
Pater Noster...

Via Dolorosa

Introibo viam crucis,
  Iesu! fac me tuae lucis
  Illustrari radio.
  Esto mihi ductor viae,
  Et transfige, Iesu pie,
  Cor doloris gladio!
  In te credo, spero, Deus!
  Amo te, o amor meus!
  Da dolenti veniam!
  Iesu Christe! te adoro
  Et per sanctam crucem oro,
  Miserere pauperis.
  Condemnatur iudex Deus
  Tamquam latro mortis reus,
  Crucis ad supplicium.
  Eris brevi iudex meus,
  Iesu! parce, quando reus
  Sistar ad iudicium.
  Quanta cordis voluptate,
  Quanta crucem caritate
  Tollis, Iesu, bone dux.
  Subsequor te meum ducem,
  Laetus tollam omnem crucem,
  Dicam : salve bona crux!
Cadit insons agnus fessus
  Gravi mole crucis pressus
  Criminumque pondere.
  Iesu, fac ut firmus vadam,
  Et ne ultra praeceps cadam,
  Scelerum sub onere.
Vale dicit dulci nato,
  Trabe crucis onerato
  Mater corde saucia.

Ah! occurre morienti
Mihi, mater, et clienti
Affer opem obvia.
Portat Simon vi adactus,
Non libenter, sed coactus
Sanctae crucis onera.
Libens, volens ego feram
Et cum Iesu gaudens geram
Cuncta crucis pondera.
Iesu sponse! Tuum vultum
Quam deformem et incultum
Pinxit amor sanguine!
Veni, sponsa, contemplare
Sponsi genas et mirare
Tuo tinctas crimine.
O quam grave crucis onus!
Iam secundo Pastor bonus
Procidit in faciem.
Iesu! fac, ut tibi vivam
Et evitem recidivam
Lubricamque glaciem.
Filiae! non me lugete,
Super vosmetipsas flete,
Et natorum scelera.
Iesu! paenitens lugebo,
Detestabor et deflebo
Tenebrarum opera.
Terna vice virtus Dei
In salutem servi rei,
Gravi casu labitur.
Cur relabor in delicta,
Cogitata, facta, dicta,
Quibus Iesus sternitur?
Coram plebe denudatus
Agnus stat immaculatus,
Matre natus virgine.
En, lascive! auctor scenae
Tam pudendae! pondus poenae,
Pro patrato crimine.
Manus Iesu perforantur,
Pedes eius terebrantur
Crucis in patibulo.
Me distentae manus istae

Amplexentur, Iesu Christe!
Mortis in articulo.
Pater, tibi me commendo,
  Gratus amans cor rependo,
  Da felicem exitum.
Iesu! tibi me commendo,
  Gratus amans cor rependo,
  Da felicem exitum.
Quantus dolor! dulcem natum,
  Mea manu trucidatum,
  Mater gerit gremio.
  Ah! quid feci! Mater bona,
  Parce reo et condona
  Paenitenti filio.
In sepulcro verbum tacet,
  Morte victa, vita iacet,
  Ne aeternum moriar.
  Iesu! precor spe repletus,
  Fac, ut ex sepulcro laetus
  Tecum caelis oriar.
Iesu! Qui hac vita tristi
  Me rebellem redemisti,
  Sanctae crucis pretio:
  Per virtutem tuae mortis
  Esto mihi tutor fortis
  Ultimo in proelio.
  Parce mihi, parce cunctis,
  Dona requiem defunctis,
  Vivis praebe gratiam. Amen.

Stabat Mater Dolorosa

Stabat Mater dolorósa
  Juxta Crucem lacrimósa,
  Dum pendébat Filius.
Cujus ánimam geméntem,
  Contristátam et doléntem,
  Pertransivit gladius.
O quam tristis et afflicta
  Fuit illa benedicta
  Mater Unigéniti!
Quae maerébat, et dolébat,
  Pia Mater, dum vidébat
  Nati poenas inclyti.

Quis est homo, qui non fleret,
  Matrem Christi si vidéret
  In tanto supplicio?
Quis non posset contristári,
  Christi Matrem contemplári
  Doléntem cum Filio?
Pro peccátis suae gentis
  Vidit Jesum in torméntis,
  Et flagéllis súbditum.
Vidit suum dulcem natum
  Moriéndo desolátum,
  Dum emisit spíritum.
Eja mater, fons amóris,
  Me sentíre vim dolóris
  Fac, ut tecum lúgeam.
Fac, ut árdeat cor meum
  In amándo Christum Deum,
  Ut sibi compláceam.
Sancta Mater, istud agas
  Crucifixi fige plagas
  Cordi meo válide.
Tui nati vulneráti,
  Tam dignáti pro me pati,
  Poenas mecum dívide.
Fac me tecum pie flere,
  Crucifixo condolére,
  Donec ego víxero.
Juxta Crucem tecum stare,
  Et me tibi sociáre
  In planctu desídero.
Virgo vírginum praeclára,
  Mihi jam non sis amára:
  Fac me tecum plángere.
Fac, ut portem Christi mortem,
  Passiónis fac consórtem,
  Et plagas recólere.
Fac me plagis vulnerári,
  Fac me Cruce inebriári,
  Et cruó re Fílii.
Flammis ne urar succénsus,
  Per te, Virgo, sim defénsus
  In die judícii.

Christe, cum sit hinc exíre
  Da per Matrem me veníre
  Ad palmam victóriae.
Quando corpus moriétur,
  Fac, ut ánimae donétur
  Paradísi glória. Amen. Allelúia.

29. Ad Benedictionem Sanctissimi Sacramenti

O Salutaris Hostia

O Salutaris Hostia
Quae caeli pandis ostium:
Bella premunt hostilia,
Da robur, fer auxilium.

Uni trinoque Domino
Sit sempiterna gloria,
Qui vitam sine termino
Nobis donet in patria. Amen.

Ecce Panis

Ecce Panis Angelorum,
Factus cibus viatorum
Vere panis filiorum,
Non mittendus canibus.
In figuris praesignatur,
Cum Isaac immolatur,
Agnus Paschae deputatur,
Datur manna patribus.

Bone pastor, panis vere,
Jesu, nostri miserere:
Tu nos pasce, nos tuere,
Tu nos bona fac videre
In terra viventium.

Tu qui cuncta scis et vales,
Qui nos pascis hic mortales:
Tuos ibi commensales,
Coheredes et sodales
Fac sanctorum civium. Amen.

Adoro te devote

Adoro te devote, latens Deitas,
Quae sub his figuris vere latitas;
Tibi se cor meum totum subiicit,
Quia te contemplans, totum deficit.

Visus, tactus, gustus in te fallitur,
Sed auditu solo tuto creditur;
Credo quidquid dixit Dei Filius,
Nil hoc verbo veritatis verius.
In Cruce latebat sola Deitas.
At hic latet simul et humanitas:
Ambo tamen credens, atque confitens,
Peto quod petivit latro paenitens.

Plagas, sicut Thomas, non intueor,
Deum tamen meum te confiteor:
Fac me tibi semper magis credere,
In te spem habere, te diligere.

O memoriale mortis Domini,
Panis vivus vitam praestans homini:
Praesta meae menti de te vivere,
Et te illi semper dulce sapere.

Pie pellicane Iesu Domine,
Me immundum munda tuo Sanguine:
Cuius una stilla salvum facere
Totum mundum quit ab omni scelere.

Iesu, quem velatum nunc aspicio,
Oro, fiat illud, quod tam sitio,
Ut te revelata cernens facie,
Visu sim beatus tuae gloriae. Amen.

Ave verum

Ave verum Corpus natum
de Maria Virgine:
Vere passum, immolatum
in Cruce pro homine.
Cuius latus perforatum
fluxit aqua et sanguine:
Esto nobis praegustatum

Latine

mortis in examine.
O Iesu dulcis!
O Iesu pie!
O Iesu fili Mariae.

O Sacrum convivium

O Sacrum convivium in quo
Christus sumitur
Recolitur memoria
passionis eius
Mens impletur gratia
Et futurae gloriae
Nobis pignus datur
Alleluia alleluia alleluia
Sacris solemniis
Sacris solemniis
iuncta sint gaudia,
et ex praecordiis
sonent praeconia;
recedant vetera,
nova sint omnia,
corda, voces, et opera.
Noctis recolitur
cena novissima,
qua Christus creditur
agnum et azyma
dedisse fratribus,
iuxta legitima
priscis indulta patribus.
Post agnum typicum,
expletis epulis,
Corpus Dominicum
datum discipulis,
sic totum omnibus,
quod totum singulis,
eius fatemur manibus. Dedit fragilibus
corporis ferculum,
dedit et tristibus
sanguinis poculum,
dicens: Accipite
quod trado vasculum;
omnes ex eo bibite.
Sic sacrificium

istud instituit,
cuius officium
committi voluit
solis presbyteris,
quibus sic congruit,
ut sumant, et dent ceteris.
Panis angelicus
fit panis hominum;
dat panis caelicus
figuris terminum;
O res mirabilis:
manducat Dominum
pauper, servus et humilis.
Te, trina Deitas.
unaque, poscimus:
sic nos tu visita,
sicut te colimus;
per tuas semitas
duc nos quo tendimus,
ad lucem quam inhabitas. Amen

Pange Lingua

Pange lingua gloriosi
Corporis mysterium,
Sanguinisque pretiosi,
Quem in mundi pretium
Fructus ventris generosi,
Rex effudit gentium.

Nobis datus, nobis natus
Ex intacta Virgine
Et in mundo conversatus,
Sparso verbi semine,
Sui moras incolatus
Miro clausit ordine.

In supremae nocte coenae
Recumbens cum fratribus,
Observata lege plene
Cibis in legalibus,
Cibum turbae duodenae
Se dat suis manibus

Latine

Verbum caro, panem verum
Verbo carnem efficit:
Fitque sanguis Christi merum,
Et si sensus deficit,
Ad firmandum cor sincerum
Sola fides sufficit.

Tantum ergo Sacramentum
Veneremur cernui:
Et antiquum documentum
Novo cedat ritui:
Praestet fides supplementum
Sensuum defectui.

Genitori, Genitoque
Laus et iubilatio,
Salus, honor, virtus quoque
Sit et benedictio:
Procedenti ab utroque
Compar sit laudatio. Amen.

Panem de caelo praestitisti eis (*Alleluia*).
Omne delectamentum in se habentem.

> *Oremus*:
> Deus, qui nobis sub sacramento mirabili,
> passionis tuae memoriam reliquisti: tribue,
> quaesumus, ita nos corporis et sanguinis
> tui sacra mysteria venerari, ut redemptionis
> tuae fructum in nobis iugiter sentiamus.
> Qui vivis et regnas in saecula saeculorum.
> R. Amen.

Divinae Laudes

Benedictus Deus
Benedictum Nomen Sanctum eius.
Benedictus Iesus Christus verus Deus et verus Homo
Benedictum Nomen Iesu
Benedictum Cor eius sacratissimum
Benedictus Iesus in Sanctissimo Altaris Sacramento
Benedictus Sanctus Spiritus Paraclitus
Benedicta excelsa Mater Dei, Maria Sanctissima
Benedicta sancta et immaculata eius Conceptio

Benedictum nomen Mariae Virginis et Matris
Benedictus Santus Ioseph eius castissimus Sponsus
Benedictus Deus in Angelis suis et in Sanctis

www.ingramcontent.com/pod-product-compliance
Lightning Source LLC
Chambersburg PA
CBHW071126090426
42736CB00012B/2021